EDUARDO GOMES DE MATOS | GOMES DOS SANTOS

A NOVA GESTÃO

VOL. 2

Copyright© 2023 by Literare Books International.
Todos os direitos desta edição são reservados à Literare Books International.

Presidente:
Mauricio Sita

Vice-presidente:
Alessandra Ksenhuck

Chief Product Officer:
Julyana Rosa

Diretora de projetos:
Gleide Santos

Chief Sales Officer:
Claudia Pires

Consultora de projetos:
Amanda Dias

Capa, projeto gráfico e diagramação:
Gabriel Uchima

Revisão:
Rodrigo Rainho

Impressão:
Gráfica Trust

Dados Internacionais de Catalogação na Publicação (CIP)
(eDOC BRASIL, Belo Horizonte/MG)

M433n   Matos, Eduardo Gomes de.
        A nova gestão: futuro, trabalho, escolhas: como ter sucesso e prosperidade na nova economia / Eduardo Gomes de Matos, Gomes dos Santos. – São Paulo, SP: Literare Books International, 2023.
        272 p. : il. ; 14 x 21 cm – (A Nova Gestão; v. 2)

        Inclui bibliografia
        ISBN 978-65-5922-706-8

        1. Administração de empresas. 2. Liderança. 3. Sucesso nos negócios. I. Santos, Gomes dos. II. Título. III. Série.
                                                                    CDD 658.4

Elaborado por Maurício Amormino Júnior – CRB6/2422

Literare Books International Ltda.
Alameda dos Guatás, 102 – Saúde– São Paulo, SP.
CEP 04053-040
Fone: +55 (0**11) 2659-0968
site: www.literarebooks.com.br
e-mail: literare@literarebooks.com.br

PREFÁCIO

A negação já afundou muitas empresas e prejudicou seriamente várias outras. Mas é possível evitar a negação e enfrentar os problemas com coragem. Hoje, portanto as empresas enfrentam uma nova forma de ameaça estratégica. De um lado, o meio externo está acelerado. Um mundo digital em rápida transformação é o ambiente perfeito para que empresas novas e ágeis destronem incumbentes morosas.

Mas o que está acontecendo com o mercado de trabalho? Quais serão os desafios dos profissionais no futuro próximo? Como você se manterá atualizado e competitivo? Como ser um projetista o *designer* do seu trabalho e renda no futuro?

É com imenso prazer que apresento a você o livro do meu querido amigo Eduardo Gomes de Matos e do seu sócio Gomes dos Santos. Dando continuidade ao seu último livro: *A NOVA GESTÃO*, neste novo projeto, Eduardo e Gomes aprofundam as características essenciais que um profissional deve possuir para se destacar e ter vantagem na economia atual, marcada pela constante mudança e pelos avanços tecnológicos.

O mundo corporativo está em constante mudança e, isso, Eduardo nos mostrou na sua última obra, e para se manter competitivo, é fundamental que os líderes e gestores empresariais estejam sempre atentos a essas transformações e saibam como aplicá-las de maneira eficaz em suas organizações. Este livro é uma importante ferramenta para quem busca compreender os desafios e oportunidades da nova gestão e, assim, colocar em prática estratégias que possam levar sua empresa e, consequentemente, o seu valor profissional ao sucesso.

O mundo do trabalho também segue este movimento de mudança e evolução, para manter a sua empregabilidade ou "laboralidade" (capacidade de gerar renda), é preciso estar sempre atualizado e pronto para enfrentar novos desafios. Nesse sentido, o profissional da nova economia deve ter uma mentalidade aberta e uma atitude proativa, buscando sempre o conhecimento e aprimoramento constante. Será que irá existir um contrato de trabalho como conhecemos hoje? Será que o seu currículo do passado terá valor no futuro? Será que você terá somente um emprego fixo e de carteira assinada? Eduardo e Gomes nos provocam a pensar nas oportunidades e "novos empregos" (YouTuber, *influencer*, jogador profissional de games...)!

O livro "*A nova gestão – Futuro, trabalho, escolhas*" busca explorar essas transformações e oferecer uma visão atualizada e crítica sobre as tendências e os desafios que as empresas enfrentam no mundo do trabalho atual e futuro. Ele aborda temas como a automação e a inteligência artificial, a "Gig Economy" (O conceito de Gig Economy engloba as formas de emprego alternativo, que vão desde a prestação de serviços por aplicativo ou o trabalho de *freelancers*, por exemplo. Por essa definição, já dá para dizer que esse tipo de trabalho faz parte de uma das várias revoluções do trabalho que foram impactadas pela tecnologia) e a precarização do trabalho, a inclusão e a diversidade, entre outros, e oferece um panorama amplo e completo sobre os desafios e as oportunidades que as empresas e profissionais precisam enfrentar e aproveitar.

Com uma linguagem clara e objetiva, a obra apresenta os conceitos fundamentais da gestão moderna, desafios e oportunidades, bem como você pode se preparar para essa transformação em curso. O livro traz exemplos práticos e dicas valiosas para o leitor começar a aplicar imediatamente no seu dia a dia profissional, além de analisar as principais tendências e mudanças que estão ocorrendo no mercado de trabalho atual.

Espero que este livro seja uma fonte valiosa de inspiração e aprendizado para você e para todos os profissionais que buscam aprimorar suas habilidades de gestão e construir empresas mais inovadoras e bem-sucedidas. Este livro, sem sobra de dúvida, irá contribuir para o seu desenvolvimento profissional e para a sua trajetória de sucesso!

Boa leitura!

Prof. Luis Lobão

SUMÁRIO

INTRODUÇÃO 10

UM MUNDO DESAFIADOR:
COMO SOBREVIVER NA NOVA ECONOMIA 18

    O QUE É TRABALHO? 21

    MAS O QUE É TRABALHO? 23

    UMA BREVE HISTÓRIA DO TRABALHO 24

    AS VELHAS REGRAS DO TRABALHO...................................25

    O DESEMPREGO HOJE E O DE AMANHÃ 27

    EMPREGOS PERDIDOS, EMPREGOS GANHOS:
    TRANSIÇÕES DA FORÇA DE TRABALHO EM TEMPOS DE AUTOMAÇÃO 30

    O CONHECIMENTO É O NOVO CAPITAL 33

    COMO ADQUIRIR A MENTALIDADE E ATITUDE DO PROFISSIONAL
    DA NOVA ECONOMIA 34

    ELES NÃO ENSINAM ISSO NA ESCOLA, NEM NA FACULDADE.......................35

VOCÊ QUER SUCESSO E PROSPERIDADE NA NOVA ECONOMIA?
TENDÊNCIAS GLOBAIS NO MUNDO DO TRABALHO........................38

    DRIVERS DO FUTURO DO TRABALHO................................. 40

    PENSANDO NO LONGO PRAZO.......................................42

    CINCO NOVAS REALIDADES 43

NOVOS MODELOS DE TRABALHO 45

QUAIS SÃO AS VANTAGENS DOS NOVOS MODELOS DE TRABALHO? 47

O QUE ESPERAR DOS MODELOS DE TRABALHO DO FUTURO? 47

FUTUROS POSSÍVEIS DO TRABALHO...49

A OBSOLESCÊNCIA PROFISSIONAL...51

AS FORÇAS QUE ESTÃO MUDANDO A FORMA COMO TRABALHAMOS...........52

TRABALHO HEDONISTA E EUDAIMÔNICO,
DUAS PALAVRAS INCOMUNS, MAS DE GRANDE IMPORTÂNCIA
PARA A NOSSA FELICIDADE NO TRABALHO 57

TEMPOS TURBULENTOS EXIGEM NOVAS HABILIDADES:
RESKILLING E UPSKILLING..60

O QUE FAZER PARA ESTAR PREPARADO EM 2030 67

AS GERAÇÕES E SUAS FORMAS DE APRENDER 69

UMA CRISE DE EDUCAÇÃO 72

O PROFISSIONAL DO FUTURO 73

SEREMOS CENTAUROS?..76

CARACTERÍSTICAS DAS PESSOAS DE RESULTADO 78

E O QUE É SER UMA PESSOA DE RESULTADOS? 87

COMO CAUSAR IMPACTO 91

DOIS NÍVEIS PARA BUSCAR SER UMA PESSOA DE ALTO IMPACTO 95

O MÉTODO SPA/CFE PARA TER SUCESSO E PROSPERIDADE NA NOVA ECONOMIA...98

COMO FAZER O FLYWHEEL GIRAR?...100

COMO PARAR O MOTOR DO FLYWHEEL? 100

A NOVA GESTÃO E AS PESSOAS..101

SENTIR – PENSAR - AGIR, O FLYWHEEL 104

E O QUE É PROTAGONISMO? 106

A IMPORTÂNCIA DA SINGULARIDADE....................... 107

SENTIR 108

PENSAR 119

AGIR 151

O DETALHAMENTO DO FLYWHEEL
SENTIR - PENSAR - AGIR 160

POTENCIAL:
VOCÊ TEM MUITO MAIS POTENCIAL DO QUE IMAGINA 162

POTENCIAL:
TUDO É POSSÍVEL, SONHE GRANDE! 166

POTENCIAL:
EXISTEM MUITAS OPORTUNIDADES NESTE NOVO MUNDO! 167

DIFICULDADES:
O MEDO QUANDO VOCÊ ELEVA SUAS AÇÕES A NOVOS NÍVEIS! 168

DIFICULDADES:
NÃO SE INCOMODAR COM AS CRÍTICAS! 169

DIFICULDADES:
O DESCONFORTO FAZ PARTE DA JORNADA! 171

COMPROMETIMENTO:
AME OS DESAFIOS E MUDANÇAS.. 172

COMPROMETIMENTO:
APRIMORE-SE CONTINUAMENTE 174

COMPROMETIMENTO:
SAIBA QUE O QUE INTERESSA SÃO OS RESULTADOS............................... 177

MENTALIDADE DE CRESCIMENTO:
COMPREENSÃO TOTAL DE QUANTA CONCENTRAÇÃO É
NECESSÁRIA PARA OBTER SUCESSO 182

MENTALIDADE DE CRESCIMENTO:
ESTABELECER OBJETIVOS ALTOS E ESCOLHER METAS
QUE ESTEJAM FORA DO ALCANCE (BHAGS) 183

MENTALIDADE DE CRESCIMENTO:
TER PAIXÃO E PERSEVERANÇA DURADOURAS..............................185

MENTALIDADE DE ALTO IMPACTO:
NUNCA DÊ DESCULPAS, TENHA ACABATIVA 186

MENTALIDADE DE ALTO IMPACTO:
CHAME A RESPONSABILIDADE NA HORA H 188

MENTALIDADE DE ALTO IMPACTO:
SEJA DISRUPTIVO 189

SUCESSO:
ENXERGAR O SUCESSO COMO OBRIGAÇÃO.................................193

SUCESSO:
TER CONSCIÊNCIA DE QUE VOCÊ É O RESPONSÁVEL POR SEU SUCESSO 194

SUCESSO:
SABER QUE HABILIDADE É O TALENTO X ESFORÇO,
E QUE SUCESSO É HABILIDADE X ESFORÇO..................................195

AGIR: PREPARAÇÃO..201

PREPARAÇÃO:
ESTIME O ESFORÇO NECESSÁRIO PARA ATINGIR SUAS METAS 202

PREPARAÇÃO:
ALINHE SEUS OBJETIVOS COM SEU PROPÓSITO 203

HÁBITOS:
ASSUMA O CONTROLE SOBRE TUDO O QUE ACONTECE COM VOCÊ 206

HÁBITOS: TRABALHE DURO..209

HÁBITOS: ELEVE SEUS RELACIONAMENTOS................................210

HÁBITOS:
DESENVOLVA CONTINUAMENTE SUAS SKILLS 215

HÁBITOS: BUSQUE A SINGULARIDADE..218

OS ALAVANCADORES DO FLYWHEEL: PREMISSAS 224

ALAVANCADOR: ANTECIPAÇÃO 226

ALAVANCADOR: APRENDIZAGEM..230

ALAVANCADOR: ADAPTAÇÃO 235

WORKBOOK 240

INTRODUÇÃO

Você já tinha pensado em algum ponto da sua vida em ser *YouTuber* profissional? E em ser um jogador de games? E como um *influencer*? Ou gestor de mídias sociais? Quem sabe engenheiro de cibersegurança? Cientista de dados? *Coach* de metodologia Agile?

Se pensássemos nisso há 20 anos, nos chamariam de loucos. Se nos falassem que existiriam trabalhos como esses, e que poderíamos fazê-los para ter sucesso na vida, não seria nada razoável acreditar. O ponto que queremos destacar aqui é que a tecnologia já influenciou enormemente as ideias que temos sobre trabalho. O mundo muda em uma velocidade exponencial como resultado das mudanças tecnológicas. De tempos em tempos, o mercado de trabalho se reinventa e novas profissões surgem no cenário, enquanto outras entram em rota oposta, caminhando rumo à extinção.

O fato é que hoje sabemos do impacto da tecnologia no trabalho, nas carreiras e nas vidas das pessoas. Ao mesmo tempo, nós, como seres humanos, também estamos sempre mudando ao longo das nossas vidas. E precisamos estar a par dessas mudanças que ocorreram e das que hão por vir se quisermos ter sucesso e prosperidade nesta Nova Economia.

Gerenciar nossos trabalhos e carreiras hoje é muito mais como uma maratona do que uma corrida de 100 metros. Portanto, precisamos de um guia para nos auxiliar nessa jornada. Antes, bastávamos ir à escola, depois à faculdade, obter um diploma, depois um emprego, e assim estávamos prontos para a vida. Foi assim já há bastante tempo, quando o mundo era estável e previsível.

Só que agora vivemos em um mundo onde tudo muda, e como podemos nos preparar? Durante a nossa jornada, temos que tomar decisões, modificar nossas expectativas, desenvolver novas competências, e esse é um processo contínuo de evolução interativo.

Se você tiver prestado atenção às notícias ultimamente sobre o mundo do trabalho, talvez tenha ouvido algumas notícias como estas: *"Os robôs vão tomar seu trabalho"*; *"Os robôs estão nos substituindo no trabalho?"*; *"Os robôs tomaram nossos trabalhos e precisamos de um plano"* etc. Será que são notícias apocalípticas? Ou será que são mudanças realmente verdadeiras que impactarão o trabalho de milhões de pessoas? Embora algumas dessas reportagens sejam sensacionalistas, acreditamos que há muitas verdades nesse fenômeno de que estamos em um período de mudanças tecnológicas massivas e aceleradas e isso está mudando fundamentalmente como nós, seres humanos, nos relacionamos com o trabalho.

Estudos da consultoria McKinsey estimam que de um terço à metade de todos os empregos atuais que temos na economia global podem estar em risco de ser totalmente automatizados ou, pelo menos, serem transformados até o ano de 2030. E isso tem um impacto significativo! Metade das ocupações existentes que podemos escolher como trabalho serão modificadas ainda nesta década.

O que significa para nós seres humanos? Gostaríamos de abordar três pontos importantes. Primeiro, o papel que o trabalho desempenha na experiência humana, segundo, como o conceito de trabalho evoluiu ao longo da história humana e, terceiro, compartilhar com você algumas coisas que acreditamos que você pode fazer no presente e ao longo da sua vida para se adaptar com sucesso a um mundo que está constantemente mudando.

Viktor Frankl, eminente psiquiatra que sobreviveu ao Holocausto durante a Segunda Guerra Mundial, fundador da escola de psiquiatria chamada Logoterapia, autor de vários livros, dentre eles *O homem em busca de um sentido*, busca contribuir com a discussão de como o ser humano encontra propósito na sua vida. Ele conceituou que o significado nas nossas vidas vem de três fontes: nossas relações, da transcendência do sofrimento inevitável e por meio do trabalho.

E nosso propósito neste livro é justamente falar sobre essa terceira fonte: o trabalho. Pois ele é realmente um aspecto central do que significa ser humano. Desde o início da nossa existência na Terra encontramos o que fazer com o nosso tempo, que nos trouxe significado e propósito.

Você já ouviu a história *"Onde o senhor pensa que está?"*

Um homem morreu e viu que se encontrava em um bonito lugar, cercado de todo o conforto que se podia imaginar. Então um sujeito todo vestido de branco se aproximou dele e lhe disse: "Você pode fazer tudo o que quiser: qualquer alimento, qualquer tipo de prazer, qualquer tipo de entretenimento."

O homem ficou encantado e, durante dias seguidos, provou de todas as iguarias e teve todas as experiências com que havia sonhado na sua vida na Terra.

Um belo dia, porém, ficou enfastiado de tudo aquilo e, chamando o atendente, disse: "Estou cansado disso tudo aqui. Preciso fazer alguma coisa. Que tipo de trabalho você pode me oferecer?"

O atendente balançou tristemente a cabeça e respondeu:

"Sinto muito, senhor. Mas isso é a única coisa que não podemos lhe oferecer. Aqui não existe nenhum trabalho para o senhor". Ao que o homem replicou: "Ah, isso é ótimo! Eu estaria bem melhor no inferno!"

E o atendente disse tranquilamente: "E onde o senhor pensa que estamos?"

O psicólogo do século XX Abraham Maslow criou a teoria da pirâmide da hierarquia das necessidades humanas. E o que está na base? Estão as necessidades fundamentais de sobrevivência que todo ser humano possui. À medida que você sobe na pirâmide, percebe que as necessidades mudam. Elas passam a ser de ordem superior, mas que dependem da satisfação das que estão abaixo. E quando você olha para a pirâmide de cima para baixo e vice-versa, você percebe que o trabalho está relacionado a todas as necessidades. E usamos nosso tempo finito para explorar todas as camadas desse modelo.

O Gallup Institute, em parceria com a Purdue University, realizou alguns anos atrás, um estudo durante trinta anos sobre o bem-estar humano. Milhares de pessoas que alcançaram carreiras de sucesso foram entrevistadas, e o que o estudo descobriu foi que eles puderam categorizar de forma bastante consistente o bem-estar humano em cinco domínios: bem-estar físico (saúde); propósito, ter um sentido na vida; comunidade, amar e ser amado; financeiro e social. Todas essas áreas diferentes trabalham para nos dar uma noção geral de como estamos

14 | INTRODUÇÃO

indo na vida. E o que é interessante é que eles descobriram que um fator teve uma influência significativa em todos estes domínios. E adivinhe qual foi? Se você pensou o trabalho, acertou. Ele toca em todos os cinco domínios, e os influencia de maneira profunda, de modo que realmente contribui com nosso sucesso e prosperidade.

O conceito de trabalho evoluiu muitas e muitas vezes ao longo da história humana. Nossos ancestrais eram nômades caçadores e coletores. Depois se estabeleceram e passaram a cultivar a agricultura e domesticar animais para colaborar nos seus trabalhos. Na época, eles mesmos produziam seus artefatos e artigos. Aqueles que se especializaram nesse trabalho viriam a ser os artesãos, que futuramente seriam os mestres e depois os líderes de produção nas fábricas. Essa mudança foi justamente provocada pelo deslocamento em massa que ocorreu durante a era industrial. A primeira grande mudança tinha ocorrido! Deixamos a era agrária e passamos à era na qual as fábricas e as cidades concentravam a maior parte dos trabalhos. Nos meados do século passado, tivemos a Terceira Revolução Industrial, a era da informação. E agora estamos vivendo o que chamamos de Quarta Revolução Industrial.

Apesar de termos uma capacidade enorme de nos adaptar, nós tendemos a lutar com a mudança. Nós gostamos de manter as coisas como elas são. Há um sentimento legítimo de ansiedade sobre tudo o que está acontecendo na economia global. Mas queremos encorajá-lo, essa ansiedade é bem compreensível. Saiba que você não é impotente diante disso tudo. Há muitas e muitas maneiras de se preparar para essas mudanças no mundo do trabalho.

Então vamos nos desafiar a lutar por um novo ideal de renascimento. O Renascimento, um período que foi conhecido pelo florescimento das artes, do pensamento intelectual, da cultura etc. Temos hoje a oportunidade de entrar em um novo Renascimento, onde podemos enfatizar a inteligência para resolver os problemas à medida que as indústrias mudam, conforme as necessidades de trabalho mudam. Adotar um novo *mindset*, com apreciação do crescimento e da aprendizagem.

Se já sabemos que, primeiro, o trabalho exerce um papel central da experiência humana; segundo, que o mundo do trabalho está sempre mudando como consequência da evolução tecnológica; então vem a grande questão: como nos preparamos para um futuro que não sabemos como será?

Este é o nosso objetivo com este livro. Fornecer um guia que aumente significativamente a probabilidade de que você consiga ser capaz de se adaptar, ter sucesso e prosperidade na Nova Economia.

Três dicas: Primeira, leia, leia amplamente, leia constantemente, a leitura é capaz de proporcionar que você possa ver coisas de diferentes perspectivas, adquira uma cultura de aprendizado contínuo. Expanda seu repertório cultural e de conhecimentos para resolver problemas de diversas maneiras.

> "O hábito da leitura é o mais fascinante dos vícios. É nas páginas de um livro que podemos viajar sem sair de casa e conhecer a alma humana."
> **(Marcia Kupstas, escritora)**

Segunda: construa relacionamentos autênticos. Este é um dos grandes objetivos dos humanos. Relacionarem-se com os outros de uma maneira que seja autêntica e permita ver uns aos outros de uma maneira que traga validação e reconhecimento do seu valor. O lado prático disso é que seu impacto na produtividade e na sua carreira, seja qual for o campo em que você esteja atuando, aumentará na proporção direta da qualidade dos relacionamentos que você tem com seus colegas. O seu sucesso vai depender não somente das pessoas que você conhece, mas, principalmente, das que conhecem você. A qualidade dos seus relacionamentos é crítica para o seu sucesso no trabalho.

E, por fim, a Terceira: adote um *mindset* de aprendizado contínuo. É uma maratona, e não uma corrida de 100 metros. Então você sabe que ter um *mindset* de crescimento é crucial, pois o seu sucesso depende somente de você, tem que se apropriar do seu próprio crescimento. E a disponibilidade de conhecimentos hoje é incrível! Sem precedentes na história. São muitas opções, e a maior parte delas gratuita. Provavelmente, você passará por muitas indústrias, muitos papéis e muitas realidades diferentes ao longo da sua vida. Serão muitos os desafios e você terá que ser ficar "afiado", manter-se atualizado e usar todas as ferramentas que estão à sua disposição, porque ninguém vai gerenciar sua carreira para você. Então maximize o que você tem, não se afaste do desafio, cultive seus pontos fortes e desenvolva-se continuamente.

Se você fizer essas coisas, se investir em si mesmo, se maximizar os talentos e dons únicos que você tem, se esforçar muito para adquirir novas habilidades; se conectar profundamente com os outros; e expandir sua visão de mundo ao longo de sua vida, independentemente das mudanças no mundo do trabalho e de como a tecnologia muda, acreditamos que você terá uma grande probabilidade de ser o dono do amanhã.

No intuito de ajudar você a ser dono do amanhã, preparamos com muito estudo, cuidado e atenção um *workbook*, caderno de atividades, que iremos chamar de Jornada de Desenvolvimento. Essa jornada é composta de várias atividades, que você pode ao final de cada capítulo, essa é nossa recomendação, mas, se preferir, pode fazê-las no final de toda leitura.

Note que, no decorrer da sua leitura, você irá se deparar com QR Codes, que darão acesso a mais conteúdo para sua formação.

Não sabemos o futuro que virá pela frente, mas sabemos que o futuro será para quem se prepara hoje.

Vamos lá!

CAPÍTULO 1

UM MUNDO DESAFIADOR:

COMO SOBREVIVER NA NOVA ECONOMIA

> *"Os vencedores da batalha da vida são homens perseverantes que, sem se julgarem gênios, convenceram-se de que só pelo esforço poderiam alcançar a vitória."*
> (Ralph Waldo Emerson, filósofo e poeta norte-americano)

Era 1995, o auditório do sindicato estava lotado para ouvir a palestra sobre o último livro que o Eduardo tinha lido. Havia apreensão no ar, as pessoas murmuravam baixinho, será que o palestrante tinha ficado louco? Ou talvez o autor do livro? Será isso verdade? Ou exagero? O título da palestra despertara a curiosidade de muitos – O FIM DOS EMPREGOS! Era o mesmo da obra de Jeremy Rifkin, um dos primeiros autores a falar sobre essa tendência. Mas, de lá para cá, o que realmente aconteceu nesses últimos 27 anos? O fim dos empregos realmente aconteceu? Ou será que mudou a forma como trabalhamos?

Já estamos cansados de saber que vivemos em um mundo VICAI – Volátil, Incerto, Complexo, Ambíguo e Inédito. Essa nova realidade tem transformado a forma como compramos, vendemos, viajamos, nos relacionamos, lideramos etc. Enfim, como trabalhamos. Antes da pandemia da Covid-19, as grandes mudanças no mundo do trabalho já eram aceleradas pela automação e globalização. Mas, na verdade, sabemos que o real impacto no trabalho vem do ritmo e escala das mudanças. Essas duas forças criarão vários futuros possíveis do trabalho. O que há por vir?

Quais são os futuros prováveis, possíveis e desejáveis? Por que precisamos saber enxergar o futuro por meio de várias lentes para que possamos detectar os sinais de mudanças? O mundo do trabalho tem mudado consideravelmente nesses últimos 50 anos. E, para nós, conseguir enxergar os futuros possíveis com relação às tendências sociais, tecnológicas, culturais, mercadológicas e antropológicas é crucial para nosso objetivo de ser relevante neste novo cenário. Entender o passado, o momento presente e as tendências é fundamental para que consigamos ter sucesso nesta Nova Economia.

Por que escrevemos este livro? No último livro – *A NOVA GESTÃO – prepare sua empresa para a Nova Economia*, abordamos os sete pilares que as empresas precisam para se adaptar para sobreviverem, crescerem e se perpetuarem diante desses novos desafios impostos pela velocidade das informações e convergência das novas tecnologias. Mas e as pessoas, os profissionais, o que fazer para sobreviverem, ter sucesso e prosperidade no novo cenário? Assim nasceu a necessidade de abordarmos este assunto, dando algumas dicas, reflexões, *insights* e ferramentas para que você possa ser relevante, sendo uma pessoa que alcança o sucesso e prosperidade.

O objetivo do livro é trazer novos olhares, fazer provocações, apresentar métodos e práticas, e propor um roteiro com novos caminhos para que você possa descobrir e aproveitar oportunidades neste novo contexto. Queremos fornecer sugestões práticas sobre como lidar com as questões que impactam a nossa relevância como profissionais nesta nova realidade. Não temos a pretensão de fazer um exame detalhado de cada tópico que abordamos, pois isso significaria um esforço hercúleo, que resultaria em milhares de páginas, o que talvez tornasse este livro de difícil leitura e não atraente para grande parte das pessoas. As entregas deste livro provocarão e capacitarão você para um novo *mindset* (mentalidade) sobre o trabalho, desenvolver um novo *skillset* (conjunto de habilidades) e uma variedade de opções para seu *toolset* (conjunto de ferramentas). Assim sendo, queremos que este livro seja um guia de fácil leitura e implementação para que você possa ter sucesso e prosperidade na nova economia.

E aqui cabem algumas reflexões: por que ampliar a perspectiva de mundo, do futuro do trabalho e de profissão? Quais são os novos papéis que podemos assumir? Quais são as novas oportunidades? Como este novo mundo do "e", e não do "ou", pode contribuir para você ter uma carreira de sucesso? Como ser um protagonista da sua vida? Como assumir o controle da sua vida e obter sucesso e felicidade pessoal e profissional nesta Nova Economia?

NÓS ANTECIPAMOS O FUTURO OU NÓS O CONSTRUÍMOS?

Os seres humanos começaram a se preocupar com o futuro do trabalho desde que as máquinas começaram a surgir. Buscar obter uma compreensão mais profunda da economia global em evolução é muito importante para entendermos o momento atual que vivemos, para garantir a nossa relevância no mercado. Desenvolver cenários que procuram responder a algumas das questões mais frequentemente levantadas, tais como: haverá trabalho suficiente no futuro para manter o pleno emprego e, em caso afirmativo, qual será esse trabalho? Quais ocupações irão prosperar e quais irão murchar? O que são as implicações potenciais para habilidades e remunerações, à medida que as máquinas executam algumas ou a totalidade de tarefas que humanos agora fazem?

O QUE É TRABALHO?

Quando o Eduardo era criança, ele gostava muito de assistir a uma série chamada *O Túnel do Tempo.* Viajar pelo tempo no passado ou no futuro sempre foi um sonho para o ser humano. *The Time Tunnel* (no Brasil, *O Túnel do Tempo*) foi um seriado de TV realizado por Irwin Allen nos anos de 1960, que mostrava as viagens no tempo de dois cientistas: Robert Colbert, como Doug Phillips, e James Darren, como Tony Newman.

O enredo da série é: dois cientistas, de um projeto do governo norte-americano que produz uma máquina do tempo, se perdem no tempo e são monitorados por uma equipe que permanece no laboratório e os acompanham em seus deslocamentos de várias épocas, através de imagens que recebem pelo equipamento chamado de Túnel do Tempo. A equipe tenta encontrar um meio de trazê-los de volta, ou então tentam ajudá-los por intermédio dos recursos de que dispunham, como precárias transmissões de voz ou envio de armas ou equipamentos, quando possível. Quando tudo falha, enviam de uma época para alguma outra data incerta do passado ou do futuro, dando início a um novo episódio.

Então vamos imaginar que você é um companheiro de Doug e Tony em suas viagens e que, em um dos episódios, vocês são enviados para uma data na Grécia antiga e caem (no seriado sempre os protagonistas "caíam" literalmente) na frente de um filósofo grego. Ele percebe que vocês são de uma outra época e começa a fazer perguntas sobre vocês e qual o trabalho de vocês.

As perguntas que ele poderia fazer seriam:

- Qual é o seu trabalho? Isso soa como você resolve problemas com suas habilidades.

- Com quem você trabalha? Fale-me sobre eles, o tipo de pessoas que eles são.

- Onde você trabalha? Descreva seu local de trabalho. Onde fica localizado?

- Quando você trabalha? Você trabalha todos os dias, o dia inteiro? Quando você fez diferentes tipos de trabalho, ao longo do tempo?

- Como você trabalha? Você usa certas ferramentas?

- E talvez mais importante... Por que você trabalha? O que o motiva para fazer essas coisas que você chama de trabalho?

Com certeza, após você responder a todas essas perguntas, ele ainda continue curioso, e pergunte: você falou sobre organização? Fale-me sobre o que é, como é, o que faz etc.

Fizemos essa metáfora para que você possa fazer uma reflexão com maior profundidade sobre o que é trabalho na sua visão pessoal. O subtítulo do nosso livro é FUTURO, TRABALHO, ESCOLHAS – Seu guia para o sucesso e prosperidade na Nova Economia. E é nesse momento que queremos aprofundar o primeiro dos componentes dessa tríade.

MAS O QUE É TRABALHO?

Se olharmos no dicionário, encontraremos as seguintes definições:

1. Conjunto de atividades, produtivas ou criativas, que o homem exerce para atingir determinado fim;

2. Atividade profissional regular, remunerada ou assalariada.

Em nosso dia a dia, a palavra trabalho está relacionada a alguma atividade ou serviço desempenhado por um indivíduo que exige ou não esforço físico. Ou, ainda, trabalho é um conjunto de atividades realizadas, é o esforço feito por indivíduos com o objetivo de atingir uma meta. O trabalho possibilita ao ser humano transformar a natureza para saciar as suas necessidades. É o trabalho que faz com que o indivíduo demonstre ações, iniciativas, desenvolva habilidades. É com o trabalho que ele também poderá aperfeiçoá-las.

O trabalho também cumpre um importante papel na socialização dos indivíduos, por ser muitas vezes realizado em conjunto e com um objetivo comum. A realização das tarefas faz com que sejam desenvolvidas técnicas, e essas técnicas são transmitidas culturalmente.

A palavra trabalho tem origem no latim *tripalium*, um instrumento antigo usado na lavoura. Mais tarde, o *tripalium* era também um objeto romano utilizado para a tortura, *tipaliare* significava ser torturado. Será que trabalho é realmente isso? Tortura?

Nós costumamos usar a palavra trabalho sem pensar muito. Mas nosso trabalho é somente três coisas:

1. Um problema a ser resolvido. Não importa se o problema é um piso sujo, ou uma complexa estratégia de *marketing*, ou desafio social.
2. Como resolvemos o problema? Nós fazemos tarefas. Se é um piso sujo, pegamos a vassoura, varremos e assim por diante.
3. Como executamos tarefas? Usamos nossas habilidades humanas.

24 | CAPÍTULO 1

Portanto, é isso! Nossas habilidades humanas, para executar tarefas, para resolver problemas. É por isso que as pessoas nos pagam; e por que pagamos outras pessoas? Para resolver problemas. Preferimos a definição de que:

TRABALHO É TODO ATO INTENCIONAL QUE REALIZAMOS NA BUSCA DE UM DETERMINADO PROPÓSITO PARA RESOLVER PROBLEMAS E CRIAR VALOR.

A relação com o trabalho é diferente para cada um de nós, depende de como enxergamos essa relação.

James Suzman diz em seu excelente livro *Work: a deep history, from the stone age to the age of robots* (sem tradução ainda no Brasil): *"O trabalho que fazemos... define quem nós somos, determina nossas perspectivas futuras, dita onde e com quem passamos a maior parte do nosso tempo, media nosso senso de autoestima, modela muitos dos nossos valores e orienta nossas lealdades políticas".*

UMA BREVE HISTÓRIA DO TRABALHO

O trabalho mudou consideravelmente ao longo dos anos. Mas temos alguns marcos que podemos utilizar para compreender melhor essas mudanças. O homem viveu por milhares e milhares de anos da agricultura, seu trabalho era colher e plantar. Ele utilizava praticamente somente sua força e a dos animais para realizar essa tarefa. Para facilitar seu trabalho, ele foi desenvolvendo ferramentas (seu *toolset*) ao longo dos tempos. Como sempre as coisas melhoram a partir de pessoas inconformadas com a situação atual, os inovadores. Jethro Tull, fazendeiro inglês, teve um papel fundamental no desenvolvimento de vários implementos que transformaram a agricultura, o mais notável deles a semeadeira mecânica, em 1701. Ele observou e comparou os métodos agrícolas empregados na França, Holanda e Alemanha. Foi um dos primeiros a conceber a moderna noção de cultura intensiva: recomendou o esterroamento e a lavra profundos, as rotações contínuas, que faziam a terra produzir, sem cansá-la, uma sucessão de colheitas variadas e supria o desperdício dos pousios.

Mas, dentro de poucos anos, surge uma nova invenção que vai revolucionar o mundo, ou podemos dizer disruptar? A criação da máquina a vapor inicia o que chamamos a Primeira Revolução Industrial. A vida e o trabalho mudam definitivamente. O homem agora possui as máquinas a vapor para contribuir ao lado da sua força e dos animais para fazer o trabalho. Inicia-se o processo de industrialização e o desenvolvimento das cidades. O trabalho agora tem um novo centro de gravidade, a fábrica. Com a invenção da energia elétrica, surge a Segunda Revolução Industrial, que reforça a força gravitacional da fábrica. Agora, em vez de o homem trabalhar para si mesmo, ele se torna empregado da fábrica. Esse modelo ainda perdura nos dias de hoje, apesar de a Terceira Revolução Industrial ter acontecido nos meados do século XX, com a informatização, e estarmos vivendo hoje a Quarta Revolução Industrial, onde temos a fusão do físico e digital e a maioria das pessoas não trabalham mais em fábricas, mas, sim, na área de serviços.

Portanto, hoje os desafios são diferentes, os problemas são diferentes. As estruturas de trabalho são mais flexíveis. As paredes perderam o sentido concreto, e ganham um sentido virtual. Trabalhamos em escritórios que nem parecem escritórios, ou nem vamos para os escritórios.

AS VELHAS REGRAS DO TRABALHO

À medida que ingressamos no mundo do trabalho, descobrimos as regras do trabalho, e então as regras mudam. De novo. E de novo mais uma vez. Sem um mapa, sem um guia, sem um manual. As regras do trabalho sempre mudaram, mas não tão rápidas como agora. E as nossas instituições educacionais não ensinam as estratégias para se viver em um mundo em constante mudança. O ritmo, tamanho e impacto das mudanças que vivenciamos atualmente afetam fortemente os mercados de trabalho. A diferença entre o conjunto de habilidades que era necessário no passado, hoje e no futuro está aumentando dramaticamente. Conhecer as velhas regras do trabalho é fundamental para entendermos a transição entre as regras do passado, as de hoje e as do futuro.

No início do século XX, com a publicação dos Princípios da Administração Científica de Frederick Taylor, a moderna teoria de gestão nasceu. Uma série de outros teóricos vieram também definindo os seus princípios de gerenciamento, dentre eles, talvez o mais influente tenha sido o francês Henri Fayol. Esses teóricos criaram as Velhas Regras do Trabalho. Elas incluem:

- **divisão do trabalho**, quebrando o trabalho a ser feito em atividades menores nas quais cada pessoa poderia performar melhor, baseado nas suas habilidades;
- **autoridade e responsabilidade**, dando aos chefes controle sobre subordinados, dentro de uma hierarquia;
- **disciplina,** ou mesmo, obediência;
- **unidade de comando e direção,** com somente um chefe dizendo aos trabalhadores o que fazer;
- **ordem,** o que significa um lugar para tudo, e tudo no seu lugar, como máquinas, materiais e pessoas;
- **subordinação e interesse individual,** o que quer dizer que o coletivo importava mais.

Essas práticas utilizadas nesses últimos 100 anos (e pasmem, ainda utilizada por muitas organizações atualmente) soam para nós como a clássica organização de comando e controle. Esse modelo era totalmente focado no negócio e muito pouco em pessoas. Esse modelo baseado em autoridade e obediência determinava que o papel do líder era usar uma série de ferramentas para garantir que você ia fazer aquilo que você disse que ia fazer, e aí você fazia. Que modelo mais inadequado para os dias atuais, não acha? O trabalho era feito, mas as pessoas não eram felizes. Precisamos de novas regras!

ESQUEÇA ESSAS REGRAS!
ESQUEÇA!
POR FAVOR, ESQUEÇA!

O DESEMPREGO HOJE E O DE AMANHÃ

"Hoje é o dia mais lento do restante da sua vida."
(Shelly Palmer)

Segundo o estudo da McKinsey – JOBS LOST, JOBS GAI-NED: WORKFORCE TRANSITIONS IN A TIME OF AUTO-MATION –, *"a automação não é um fenômeno novo e teme-se sua transformação no local de trabalho, e os efeitos sobre o emprego datam de séculos, antes mesmo da Revolução Industrial entre os séculos XVIII e XIX. Na década de 1960, o presidente dos Estados Unidos, Lyndon Johnson, convocou uma 'Comissão Nacional de Tecnologia, Automação e Progresso Econômico'. Entre suas conclusões: 'o fato básico de que a tecnologia destrói empregos, mas não trabalho.' Rápidos avanços recentes em tecnologias de automação, incluindo inteligência artificial, sistemas autônomos e robótica agora estão aumentando os medos novamente – e com nova urgência".*

Ir um passo além, examinando tanto as possíveis perturbações do mercado de trabalho provocadas pelo uso exponencial de tecnologias bem como quais são algumas fontes potenciais de nova demanda de trabalho que criarão empregos, irá contribuir para que, inicialmente, possamos compreender melhor o que temos que fazer para sobreviver e ter sucesso na Nova Economia.

O estudo anteriormente citado examinou o impacto da automação sobre o trabalho. Quais podem ser automatizados até 2030 e que empregos que podem ser criados no mesmo período. Embora seja difícil prever como tudo isso vai acontecer, a pesquisa fornece alguns *insights* sobre a força de trabalho provável e quais transições devem ser esperadas e suas implicações.

As principais descobertas foram[*]:

- *As tecnologias de automação, incluindo inteligência artificial e a robótica, gerarão benefícios significativos para usuários, empresas e economias, aumentando a produtividade e crescimento econômico. A velocidade com que essas tecnologias desloquem trabalhadores dependerá do ritmo de seu desenvolvimento e adoção, crescimento e aumento da procura de trabalho. Mesmo causando declínios em algumas ocupações, a automação mudará muito mais – **60% das ocupações possuem pelo menos 30% do trabalho de atividades que podem ser automatizadas.** Também vai criar ocupações que não existem hoje, tanto quanto as tecnologias do passado fizeram.*

- *Embora cerca de metade de todas as atividades de trabalho globalmente tenham o potencial técnico para ser automatizado, adaptando tecnologias atualmente demonstradas, a proporção de trabalho realmente deslocado até 2030 provavelmente será menor, por causa de problemas técnicos, econômicos e sociais, fatores que afetam a adoção. **Nossos cenários em 46 países sugerem que entre quase zero e um terço das atividades de trabalho podem ser deslocadas até 2030, com um ponto médio de 15%.** A proporção varia amplamente em todos os países, com economias avançadas mais afetadas pela automação do que os em desenvolvimento, refletindo taxas salariais mais altas e, portanto, incentivos para automatizar.*

- ***Mesmo com a automação, a demanda por trabalho e trabalhadores pode aumentar à medida que as economias crescem, parcialmente alimentada pelo crescimento da produtividade pelo progresso tecnológico.*** *Aumento da renda e*

---

[*] Fonte: *JOBS LOST, JOBS GAINED: WORKFORCE TRANSITIONS IN A TIME OF AUTOMATION*, McKinsey 2017.

consumo, especialmente nos países em desenvolvimento, aumento dos cuidados de saúde para as sociedades em envelhecimento, o investimento em infraestrutura e energia, e outras tendências criarão demanda por trabalho que poderia ajudar a compensar o deslocamento de trabalhadores.

- *Mesmo que haja trabalho suficiente para garantir o pleno emprego até 2030, grandes transições que estão por vir podem igualar ou até mesmo exceder a escala das mudanças históricas na agricultura e manufatura.* **Os cenários sugerem que, até 2030, 75 milhões a 375 milhões de trabalhadores (3 a 14% da força de trabalho global) precisarão mudar categorias ocupacionais. Além disso, todos os trabalhadores precisam se adaptar. Essa adaptação exigirá maior escolaridade, ou gastar mais tempo em atividades que exigem habilidades emocionais, criatividade, habilidades cognitivas de alto nível e outras habilidades relativamente difíceis de automatizar.**

- *Para alcançar bons resultados, os líderes de negócios precisarão adotar a automação e seus benefícios e, ao mesmo tempo, preparar as pessoas para as transições provocadas por essas tecnologias.* **A formação profissional em meio de carreira será essencial. Essas mudanças vão desafiar os atuais modelos educacionais e de treinamento da força de trabalho, bem como abordagens de negócios para a construção de habilidades.**

O mundo impulsionado pela tecnologia em que vivemos é um mundo cheio de oportunidades, mas também de desafios. Carros autônomos, máquinas que leem raios-X e algoritmos que respondem a consultas de atendimento ao cliente são todas manifestações de novas e poderosas formas de automação. Ainda mesmo que essas tecnologias aumentem a produtividade e melhorem nossas vidas, seu uso substituirá em alguns trabalhos atividades que os humanos realizam atualmente – um desenvolvimento que despertou muita preocupação pública.

EMPREGOS PERDIDOS, EMPREGOS GANHOS: TRANSIÇÕES DA FORÇA DE TRABALHO EM TEMPOS DE AUTOMAÇÃO

Quais serão os empregos perdidos, os empregos mudados, e os empregos ganhos? De muitas maneiras, uma grande parte dessa história é sobre como as ocupações mudarão à medida que as máquinas afetam porções das ocupações e as pessoas trabalhem cada vez mais ao lado delas. A história mostra vários exemplos de países que enfrentaram com sucesso a onda de mudança tecnológica, investindo em sua força de trabalho e adaptação de políticas, instituições e modelos de negócios à nova era. **A automação pode contribuir para que cerca de metade das atividades para as quais as pessoas são pagas para fazer possa ser automatizada usando tecnologias atualmente utilizadas.** Muitas poucas ocupações – menos de 5% – consistem inteiramente em atividades que podem ser totalmente automatizadas. No entanto, cerca de 60% das ocupações, pelo menos um terço das atividades, poderão ser automatizadas, implicando transformações substanciais no local de trabalho e mudanças para todos os trabalhadores.

Tecnologia cria mais trabalhos do que destrói ao longo do tempo, principalmente fora da indústria.
Exemplo: Computadores pessoais (Total nos EUA, trabalhos criados em milhares).

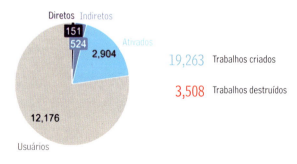

Fonte: JOBS LOST, JOBS GAINED: WORKFORCE TRANSITIONS IN A TIME OF AUTOMATION, McKinsey 2017.

A NOVA GESTÃO - VOL. 2 | 31

Os declínios de emprego no setor em larga escala foram contrabalançados pelo crescimento de setores que absorveram trabalhadores.

Participação do emprego total por setor nos Estados Unidos, 1850-2015

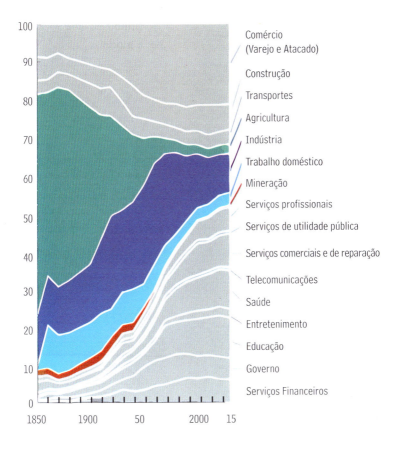

Fonte: JOBS LOST, JOBS GAINED: WORKFORCE TRANSITIONS IN A TIME OF AUTOMATION, McKinsey 2017.

Segundo o estudo da McKinsey, o impacto potencial da automação no emprego varia de acordo com a ocupação e o setor. As atividades mais suscetíveis à automação incluem as físicas em ambientes previsíveis, como operar máquinas e preparar *fast food*. Coleta e processamento de dados são duas outras categorias de atividade que cada vez mais podem ser mais bem feitas e mais rapidamente com máquinas. Isso poderia deslocar grandes quantidades de mão de obra, por exemplo, contabilidade e processamento de transações de BackOffice etc. É importante notar, no entanto, que mesmo quando algumas tarefas são automatizadas, o emprego nessas ocupações pode não diminuir, mas sim os trabalhadores podem realizar novas tarefas. Além disso, o emprego em ocupações também pode crescer, se a demanda global por essa ocupação crescer o suficiente para superar as taxas de automação.

No seu livro *Os robôs vão roubar seu trabalho, mas tudo bem*, o italiano Federico Pistono diz: *"Analisando os registros históricos, há motivos para ser consideravelmente otimista em relação ao futuro da economia. A automatização e a mecanização introduzidas ao longo dos séculos levaram a um aumento da produtividade. Mas o trabalho pôde ser feito com menos mão de obra. Mais produtos saíram de nossas fábricas. Mais riqueza foi gerada. A necessidade total de mão de obra, porém, não diminuiu. À medida que a economia cresce, nosso padrão de vida acompanha. E, por conseguinte, muda nossa percepção do que é necessário para ter uma vida confortável"*.

Sem dúvida, a automação terá um efeito menor em trabalhos que envolvam gestão de pessoas, aplicação de experiência, e naqueles que envolvem interações sociais, onde as máquinas são incapazes de igualar desempenho humano por enquanto. Trabalhos em ambientes imprevisíveis – ocupações como jardineiros, encanadores ou prestadores de cuidados de crianças e idosos – geralmente também verão menos automação até 2030, porque são difíceis de automatizar tecnicamente e muitas vezes comandam salários relativamente mais baixos, o que torna a automação uma proposta de negócios menos atraente.

O fato é que se estima que entre 400 milhões e 800 milhões de indivíduos poderão ser deslocados por automação e passarão a ter a necessidade de encontrar novos empregos até 2030 em todo o mundo. Assim sendo, as pessoas terão de encontrar o seu caminho para esses trabalhos. **Do total de deslocados, 75 milhões a 375 milhões podem precisar mudar de ocupação, categorias e aprender novas habilidades** (passar por processos de *Reskilling* ou *Upskilling*, mais tarde falaremos sobre isso).

Fonte: JOBS LOST, JOBS GAINED: WORKFORCE TRANSITION IN A TIME OF AUTOMATION, Mckinsey 2017.

O CONHECIMENTO É O NOVO CAPITAL

Peter Drucker já falava sobre isso, "o conhecimento é o único recurso significativo hoje em dia".

Os trabalhadores do futuro gastarão mais tempo em atividades que as máquinas são menos capazes, como gerenciar pessoas, aplicar conhecimentos e comunicar com outros. Eles gastarão menos tempo em atividades físicas previsíveis e coletando e processamento de dados, onde as máquinas já superam o desempenho humano. **As habilidades e capacidades necessárias também mudarão, exigindo mais habilidades sociais e emocionais e mais capacidades cognitivas avançadas, como raciocínio lógico e criatividade.**

Como já vimos anteriormente, vivemos em uma época em que as máquinas respondem às perguntas dos clientes, ajudam os médicos a entender raios-X, fazem leitura labial melhor do que profissionais humanos, selecionam frutas e classificam o lixo em compostagem e recicláveis – uma época também em que as pessoas debatem sobre automação e seu impacto no local de trabalho, levantam questões ansiosas.

A primeira é a existencial sobre o futuro do trabalho em si. Dados os rápidos avanços e a convergência das tecnologias, incluindo robótica, inteligência artificial, nanotecnologia, carros autônomos, *blockchain* etc., há trabalho suficiente para garantir o pleno emprego? A segunda é a questão sobre o que esses empregos serão, e quais habilidades serão necessárias para eles? O terceiro é o que tudo isso pode significar para a nossa remuneração?

50% do tempo gasto nas atividades de trabalho na economia poderia teoricamente ser automatizado pela adoção das tecnologias. Entretanto, as ocupações que exigem níveis mais altos de educação e experiência possuem menor potencial de automação.

A combinação de deslocamento de mão de obra pela automação e a mudança na demanda por ocupações terão enormes implicações para trabalhadores. Reforçando o que já dissemos, **estima-se que 75 a 375 milhões de indivíduos em todo o mundo podem precisar fazer a transição para novas categorias profissionais até 2030.** Dentro das ocupações, a combinação de atividades e as capacidades necessárias se inclinarão para interações mais pessoais e níveis mais avançados de capacidades cognitivas. Requisitos educacionais também mudarão: sem automação, uma maior parcela de empregos no futuro provavelmente exigirá níveis mais altos de escolaridade. Ao mesmo tempo, você irá precisar adotar uma visão mais refinada para identificar as habilidades que serão as mais importantes.

COMO ADQUIRIR A MENTALIDADE E ATITUDE DO PROFISSIONAL DA NOVA ECONOMIA

Para começo de conversa, **você deve se preparar para a aprendizagem ao longo da vida e para carreiras em evolução.** Você precisará estar preparado para um futuro de trabalho em rápida evolução, adquirindo novas habilidades que estão em demanda, e redefinir a sua mentalidade (*mindset*) sobre o mundo do trabalho será fundamental para o seu sucesso e prosperidade. Todas as pessoas em todos os lugares precisarão reexaminar as noções tradicionais de onde trabalham, como trabalham e quais talentos e capacidades trazem para esse trabalho. Lembre-se do que já comentamos: no futuro do trabalho em rápida mudança, as pessoas estarão mais do que nunca responsáveis pelo seu próprio destino. Os dias de ter um empregador por toda a vida já se foram.

"Todos os indivíduos precisarão adotar uma abordagem empreendedora para navegar pelo mundo do trabalho e gerenciar suas carreiras."

Reid Hoffman, cofundador do LinkedIn, chama isso de abordagem "Startup of you".

As pessoas se tornarão mais proficientes e confortáveis em navegar em um mundo mais digital. Um conselho? Adquira as habilidades que estarão em demanda e embarque em uma jornada de vida aprendendo continuamente. À medida que as máquinas executam uma gama mais ampla e variedade de tarefas, você precisará colocar mais foco no desenvolvimento das habilidades em que os humanos se destacam. Como já analisamos anteriormente, as atividades em quase todas as ocupações mudarão, com mais tempo gasto nas atividades que exigem habilidades sociais e emocionais, trabalho em equipe e colaboração, criatividade e níveis mais elevados de comunicação e raciocínio lógico.

ELES NÃO ENSINAM ISSO NA ESCOLA, NEM NA FACULDADE

Saber lidar com o desconhecido será a principal habilidade para enfrentar as transformações do mundo nessa era digital, e a educação tem um papel fundamental no processo. A maioria dos sistemas educacionais, contudo, ainda opera em bases obsoletas, que não combinam mais com as mudanças em curso no século XXI, segundo o historiador israelense Yuval Harari. Em meio às rápidas transformações trazidas pela tecnologia, pela inteligência artificial, ao longo da vida, as pessoas terão que se reinventar inúmeras vezes. Nesse mundo, o modelo de educação atual, baseado na formação clássica, dividida em disciplinas, está superado.

"A principal habilidade não é mais aprender qualquer fato ou equação física em particular, mas como se manter aprendendo e mudando ao longo da vida. Como lidar com uma situação que não lhe é familiar, desconhecida. Nosso sistema educacional não é construído para isso", afirma Harari.

Alunos do ensino médio na maioria dos países recebem instrução e orientação inadequadas sobre como planejar uma carreira em local de trabalho de hoje, e menos ainda para um local de trabalho que está evoluindo rapidamente. Em última análise, caberá a você pensar cuidadosamente sobre quais habilidades serão necessárias e como você pode demonstrar essas habilidades para o mercado. Ganhamos autonomia na relação de trabalho. Mas junto veio o desafio de entendermos o desafio que enfrentamos e qual é o significado do trabalho para a gente.

> **"Na medida em que esse mercado vai se tornando mais volátil, com empregos aparecendo e desaparecendo, as pessoas terão que se reinventar."**
> **(Yuval Harari)**

Prepare-se para um mundo de busca de emprego digital. Plataformas digitais para combinar pessoas com empregos e avaliação de habilidades estão rapidamente se tornando a norma para contratação. As pessoas precisam usar essas tecnologias para serem competitivas no mercado de trabalho. No curto prazo, isso significa dedicar tempo e cuidado para construir uma presença *online* pessoal.

Para se destacar, você precisará mostrar sua experiência, estabelecer *expertise* juntando-se a grupos ou postar conteúdo, e construir suas redes profissionais. Você também poderá se beneficiar da compreensão e participação nas inovações em torno de habilidades baseadas em formação e credenciais que poderão acelerar suas trajetórias de carreira.

Vimos neste primeiro capítulo que vivemos em um mundo desafiador, marcado por mudanças rápidas e profundas, que impactam a nossa forma de sobreviver e ter relevância e sucesso na Nova Economia. Analisamos o que é trabalho e uma breve história do trabalho ao longo dos séculos. Vimos quais são as velhas regras do trabalho e como elas surgiram. Estudos nos mostraram como é o desemprego hoje e o de amanhã. Constatamos que hoje o conhecimento é o novo capital, qual é o perfil do profissional do futuro e como adquirir a mentalidade e atitude de profissional neste novo mundo do trabalho, e finalizamos mostrando que as escolas e faculdades não ensinam o que fará com que tenhamos sucesso e prosperidade da Nova Economia.

No próximo capítulo, veremos como você pode ter sucesso e prosperidade, explorando os seguintes temas: tendências globais no mundo do trabalho; a obsolescência profissional – você está prestes a se tornar obsoleto; as forças que estão mudando a forma como trabalhamos; tempos turbulentos exigem novas habilidades – *Reskilling* e *Upskilling*; o que fazer para estar preparado em 2030 ou para qualquer futuro; o profissional do futuro, e finalizaremos com a reflexão: será que "seremos centauros?"

 Acesse sua Jornada de Desenvolvimento sobre UM MUNDO DESAFIADOR.

CAPÍTULO 2

VOCÊ QUER SUCESSO E PROSPERIDADE NA NOVA ECONOMIA?

TENDÊNCIAS GLOBAIS NO MUNDO DO TRABALHO

> "Uma boa ficção científica não é aquela capaz de enxergar um automóvel, mas sim o engarrafamento."
> (Frederik Pohl)

O que significa sucesso para você?
Quais as tendências globais no mundo do trabalho? O que é mito e o que é realidade?

No último ano, tivemos a oportunidade de fazer um curso que trabalha somente com o futuro. Na aula *Framework* para o Futuro do Trabalho, o Futuro das Coisas apresentou seu *framework*, que achamos sensacional e que compartilhamos agora com vocês.

"*Muitas empresas entendem que a automação, a robotização e a inteligência artificial sejam ferramentas para diminuir custos e reduzir a participação humana. É o tipo de pensamento que, além de limitante, as deixa presas ao antigo pensamento industrial, focado apenas em ganhos incrementais e aumento de eficiência.*

As oportunidades vão muito além de realizar tarefas de forma mais rápida e mais barata, mas sim em explorar novas fontes de valor e de significado, para que as organizações se mantenham competitivas em meio a dinâmicas de mercado que mudam rapidamente.

Em recente artigo publicado no MIT Sloan, Jeff Schwartz, John Hagel III, Maggie Wooll e Kelly Monahan, todos da Deloitte, propõem que as empresas coloquem clientes e colaboradores no centro da questão. Eles criaram uma estrutura com drivers que podem orientar tomadas de decisões, ampliando o impacto das empresas."

DRIVERS DO FUTURO DO TRABALHO

A estrutura a seguir analisa o futuro do trabalho sob a perspectiva dos clientes, da força de trabalho e das empresas (linhas). Os três drivers (colunas) – custo, valor e significado – moldam tomadas de decisão para alcançar esses fins.

	CUSTO: BUSCA OTIMIZAR A EFICIÊNCIA	VALOR: BUSCA AMPLIAR OPORTUNIDADES	SIGNIFICADO: FAZER A DIFERENÇA COM O QUE IMPORTA E MOTIVA
CLIENTES	Adquirir produtos ou serviços, com um mínimo de recursos	Satisfazer necessidades mapeadas e não atendidas	Realizar aspirações para si próprio e para os outros
FORÇA DE TRABALHO	Reduzir tempo e esforço para a realização do trabalho	Desenvolver habilidades/capacidades para futuros avanços	Conectar-me a um propósito maior e trabalhar em algo que tenha mais a ver com meus talentos e potenciais
EMPRESA	Operar de forma mais rápida e econômica	Aumentar faturamento e margens	Articular um propósito que tenha importância para os *stakeholders*

Fonte: "Reframing the Future of Work"
Por Jeff Schwartz., MITSloan Management Rewiew, Fevereiro 2019
sloanreview.mit.eduJx/60316

CUSTOS

Para os autores, a maioria das empresas continua focada na redução de custos, o que as coloca (veja no quadro anterior) na parte inferior esquerda da estrutura. Porém, quando começam a pensar numa perspectiva além de custos, movem-se verticalmente ou horizontalmente, passando de uma perspectiva centrada na empresa para outra que considera clientes, colaboradores e stakeholders. Empresas focadas na implementação de tecnologias para impulsionar crescimento, valor e significado serão as principais protagonistas do futuro do trabalho. Vamos examinar essa abordagem a partir dos drivers do futuro do trabalho.

VALOR

O valor é um driver que amplia oportunidades. Para as empresas, valor geralmente significa crescimento do faturamento, seja pela entrada em novos mercados ou pelo aumento de margens daqueles clientes menos sensíveis ao preço. No entanto, quando refletem sobre o que pode gerar valor para o cliente respondendo perguntas-chave como "Quais necessidades não estão sendo atendidas?" e "Como essas necessidades evoluem?", fica mais fácil para as empresas descobrirem maneiras de aumentar a fidelidade e fortalecer o relacionamento com seus clientes.

Para os colaboradores, quando a empresa se concentra no Valor, em vez de ser apenas "mais rápido ou mais barato", isso abre espaço para que trabalhem de forma mais colaborativa e menos transacional. Esse Valor é percebido como um valor adicional não monetário, como, por exemplo, quando eles têm espaço/oportunidade para aprender e desenvolver novas habilidades que os ajudem a evoluir em seus empregos.

Os autores citam o exemplo de uma empresa de serviços financeiros que não reduziu o número de funcionários quando passou por uma transformação digital nas áreas de finanças e TI. A equipe de finanças recebeu ferramentas para automatizar e simplificar grande parte de seu trabalho (como coleta de dados, cálculo de métricas e geração de relatórios) e foi incentivada a usar o tempo livre para dar mais atenção aos parceiros de negócios, identificando métricas e insights mais valiosos que apoiassem tomadas de decisões. Ao mesmo tempo, aqueles funcionários que interagiam mais com clientes foram instruídos/treinados para que entendessem melhor suas demandas e encontrassem maneiras de melhor atendê-los.

Em vez de eliminar empregos com a automação, essa organização criou um trabalho mais engajador para suas equipes, possibilitando ainda solucionar problemas de forma mais inteligente para os clientes e suas demandas, o que, por sua vez, levou a um maior engajamento do que tinham antes.

SIGNIFICADO

Este é um motivador aspiracional que busca ajudar as pessoas a fazer a diferença em algo que tenha importância para elas, motivando-as a continuar fazendo cada vez melhor. Esse driver é mais do que criar uma declaração de missão ou de propósito. Segundo os autores, vai além das responsabilidades sociais corporativas e não significa necessariamente fazer algo "bom" ou socialmente desejável. Os autores sugerem que se comece perguntando: quais são as aspirações de nossos clientes, funcionários e parceiros?

Significado refere-se a conectar o trabalho a uma compreensão mais profunda das aspirações de clientes, colaboradores e outras partes interessadas – e o impacto que o trabalho terá em ajudá-los a alcançar essas aspirações. Eles citam o exemplo de Adam Grant, professor de administração da Wharton, que descobriu que funcionários de call centers eram 171% mais produtivos quando tinham a oportunidade de entender o impacto que seu trabalho exercia nos clientes finais.

Ao mesmo tempo, significado também deriva do trabalho do dia a dia: estou trabalhando com pessoas que eu respeito para entregar algo de valor? Significado é um motivador essencial para a empresa, pois ajuda a manter a dedicação dos colaboradores. Se você consegue definir um objetivo que seja importante para os stakeholders, você, claro, irá gerar um impacto, mas se também puder ativar o significado da força de trabalho e se conectar ao que é importante para o cliente, o impacto é amplificado.

Ao buscar uma melhor compreensão das aspirações e o que tenha significado para clientes e colaboradores, as empresas também podem antecipar com mais eficiência as necessidades deles. A questão aqui é que o Significado não é algo tão óbvio quanto o Custo ou mesmo o Valor – serão os colaboradores e clientes que decidirão, em última análise, se algo é significativo ou não.

PENSANDO NO LONGO PRAZO

As empresas são preparadas para pensar no curto prazo, nos resultados do próximo trimestre, constatam os autores. São poucos os gestores que se sentem preparados para gerar impacto de longo prazo, muitos continuam buscando estratégias digitais reativas ou aplicando novas tecnologias nos processos que já existem.

Para muitas organizações, esses tipos de esforço (fragmentado) é muito insuficiente – tanto para seus clientes e sua força de trabalho, como para a própria empresa. Então, o que é possível fazer?

Os autores recomendam que as empresas busquem entender as forças de longo prazo que estão remodelando a economia global e que impactarão na forma como o trabalho e seus próprios mercados evoluirão nos próximos dez anos. Esse entendimento pode ajudá-las a olhar além do imediato, enxergar oportunidades e estabelecer melhores estratégias para o longo prazo.

Na medida em que a dinâmica do mercado e o ambiente de negócios se tornam menos estáveis e previsíveis, entender de forma mais abrangente como o Custo, o Valor e o Significado impulsionam o desempenho torna-se um imperativo. Ficar limitado ao Custo implica retornos decrescentes com pouca vantagem competitiva, além do que as tecnologias que definem o futuro do trabalho propiciarão apenas melhorias pontuais de desempenho.

A redução contínua de custos é uma parte essencial da estratégia operacional, mas o valor sustentável dos negócios acontece principalmente em função de uma diferenciação no mercado e do crescimento de receita e participação de mercado.

A natureza dinâmica do futuro exige que se use as duas dimensões dessa estrutura, para ajudar na definição de iniciativas de curto prazo que terão maior impacto, evitando-se o risco de se alocar recursos em iniciativas que terão impacto apenas marginal.

As empresas devem ser fluídas e flexíveis para que se ajustem aos impactos atuais e futuros das forças tecnológicas e econômicas emergentes na maneira como trabalhamos, nos organizamos e competimos. O futuro do trabalho é voltado para o ser humano, e cabe a nós ter foco no futuro que queremos criar.

Fonte: Plataforma O Futuro das Coisas.

CINCO NOVAS REALIDADES

A complexidade do que está por vir faz com que pessoas em idade ativa e muitos empresários, líderes e gestores se questionem: "Para onde estamos indo?", "O que virá logo mais à frente?" Nada melhor do que ouvir os pontos de vista de especialistas, futuristas e líderes sobre as novas realidades que estão surgindo, para entendermos de que forma é possível aproveitar as oportunidades que o futuro do trabalho apresenta.

Para ouvir todo esse pessoal, espalhado em 14 países, a Deloitte utilizou a plataforma de crowdsourcing da WikiStrat. Os especialistas disseram o que consideravam ser as forças motrizes mais importantes que moldarão as novas realidades relacionadas ao futuro do trabalho e, ainda, afirmaram que há probabilidade de que essas novas realidades tomem forma nos próximos cinco a dez anos.

Desse estudo, emergiram cinco "novas realidades" que foram consideradas altamente prováveis e terão um grande impacto sobre os trabalhadores, líderes de empresas e formuladores de políticas públicas globais. Também foram identificadas duas realidades "emergentes" (figura a seguir).

Pesquisa feita por WikiStrat para Heather Stockton, Mariya Filipova e Kelly Monahan. A evolução do trabalho: novas realidades frente às lideranças dos dias de hoje, Deloitte Insights, 30 de janeiro de 2018.

A conclusão desses estudos é muito simples: tudo isso contribui decisivamente para que tenhamos novos modelos de trabalho. E quais são esses novos modelos?

NOVOS MODELOS DE TRABALHO

Muitos dos principais novos modelos de trabalho estão diretamente relacionados ao processo de transformação digital, mudança de hábitos das pessoas, mudança de valores e busca de significado do trabalho pelas pessoas. Conheça alguns deles na sequência.

HOLOCRACIA

Um dos modelos mais impactantes que promete modificar o ambiente de trabalho é a holocracia. O termo provém do grego "holos", que significa todos, e "cracia" significa poder. Ou seja, o poder – neste caso, a autoridade – na mão de todos. O objetivo é descentralizar a estrutura hierárquica muito comum nas empresas, criando equipes com funções específicas para cuidar de diferentes áreas.

A principal diferença é que a tomada de decisão é sempre feita em conjunto entre essas equipes. Outro ponto importante é a função dos profissionais, que não ficam fixos em um único cargo ou tarefa. Cada um deve exercer múltiplas funções para as diferentes equipes em momentos separados ou não. Assim funciona o modelo de distribuição de autoridade, proporcionando maior agilidade para as decisões de uma empresa.

Logo, cada projeto tem uma estrutura flexível de trabalho, com as equipes se modificando de acordo com as demandas e exigências de cada tarefa. O mais relevante, porém, é a união dos profissionais para o processo de tomada de decisão. Assim como todos têm suas funções, todos também precisam exercer as suas responsabilidades como líderes da companhia.

BYOD

O BYOD, sigla para Bring Your Own Device – que pode ser traduzido como Traga o Seu Próprio Dispositivo –, reflete a flexibilização do modelo de trabalho. O profissional não precisa se adaptar aos dispositivos utilizados pela empresa, por exemplo, tendo a liberdade de levar as máquinas com as quais mais está familiarizado, o que impacta diretamente o seu rendimento. Esse é um modelo em alta, mas também exige muito cuidado por parte das empresas. Especialmente em um período em que a proteção no ambiente online é muito questionada, é importante garantir que todos os dispositivos sejam seguros o suficiente. Esse método também contribui para profissionais que atuam em cidades diferentes, os quais levam seus dispositivos para escritórios de diferentes localidades.

TRABALHO REMOTO

Outro modelo que tem conquistado maior espaço devido à transformação digital é o trabalho remoto. Sua popularidade vem crescendo por permitir que pessoas trabalhem de qualquer lugar do mundo: seja em casa, coworkings, cafés e/ou hotéis, por exemplo.

A ideia é, como o nome indica, não utilizar espaços físicos para reunir todos os profissionais, basta possuir os dispositivos adequados para se conectar.

Assim, as tarefas são realizadas remotamente, sem a necessidade do encontro pessoal, um modelo que foi aprovado por muitos brasileiros, como indica estudo feito pela USP. É importante notar que existem diferentes tipos de trabalho remoto, como o 100% à distância, o híbrido – que divide o tempo dos profissionais no escritório e fora dele – e os que priorizam o modelo presencial com eventuais tarefas realizadas remotamente – ou ao contrário. Muitas empresas e pessoas descobriram depois da pandemia do Covid-19 que trabalho não é onde é realizado, mas sim as entregas que são feitas.

ROWE

No ambiente tradicional de trabalho, é comum que as horas exercendo a função sejam contabilizadas para chegar ao valor do salário, por exemplo. No entanto, quantas horas, de fato, são utilizadas para se concentrar nas suas funções no trabalho? E como verificar a produtividade do colaborador? Pensando nisso, um modelo de trabalho tem o seu foco nos resultados: trata-se do ROWE. Em uma tradução livre para o português, significa Ambiente de Trabalho Orientado por Resultados. Para que esse modelo funcione, é preciso que toda a equipe entenda o seu papel dentro da organização, as suas responsabilidades, as metas para alcançar o sucesso e os impactos de não as atingir.

O importante é que cada profissional atinja as suas metas dentro de um prazo estipulado. Pouco importa se ele precisou de uma, duas *ou cinco horas para fazer a atividade. O gestor precisa focar apenas na avaliação da qualidade e do cumprimento do prazo estipulado. Entregou resultados? Ótimo, isso mostra que o trabalho está funcionando como o esperado.*

QUAIS SÃO AS VANTAGENS DOS NOVOS MODELOS DE TRABALHO?

Os novos modelos de trabalho não oferecem apenas uma dinâmica diferente dentro do ambiente corporativo, mas também uma série de vantagens para organizações e colaboradores. Entender e se adaptar a eles, portanto, resulta em ganhos significativos.

- Otimização dos processos internos;
- Ganho em performance e produtividade;
- Melhor experiência para o cliente;
- Redução de custos;
- Diferencial competitivo;
- Retenção e atração de talentos.

O QUE ESPERAR DOS MODELOS DE TRABALHO DO FUTURO?

Na prática, quais são as tendências e como se preparar para os novos modelos de trabalho do futuro? E como a transformação tecnológica se alinha a todo esse processo?

GESTÃO REALIZADA POR MEIO DE BIG DATA E INTELIGÊNCIA ARTIFICIAL

O uso de informações, como falamos anteriormente, deve estar presente na rotina de qualquer empresa. Contudo, esse trabalho de gestão não deve ser realizado de qualquer maneira. Para isso, é fundamental que as empresas se familiarizem com conceitos como Big Data e Inteligência Artificial. Isso tudo será essencial para ter controle sobre todas as operações, desde o monitoramento do desempenho da equipe até mesmo em relação aos resultados financeiros da organização. *É preciso tornar o processo de gestão mais simplificado e eficiente. Com a implementação dessas estratégias, a gestão ganha em produtividade e precisão.*

NOVAS SKILLS EXIGIDAS PARA OS PROFISSIONAIS

Os novos modelos de trabalho também exigem mudanças por parte dos profissionais. É preciso desenvolver, por exemplo, a inteligência emocional, criando a capacidade de lidar com situações e desafios mais complexos. Ao mesmo tempo, é fundamental que os trabalhadores tenham um alto nível de colaboração, trabalhando em equipe de forma produtiva e de qualquer lugar.

Profissionais responsáveis apenas por gerenciar o que outros fazem durante as horas de trabalho não vão existir. Tom Peters, no seu livro *O círculo da inovação*, lançado em 1997, já previa o fim da gerência intermediária. É necessário que cada membro da sua equipe saiba colocar em prática as técnicas de autogestão para garantir as entregas. Assim como as empresas, eles também precisam se adaptar aos novos modelos de trabalho.

O desenvolvimento do sentimento de liderança, por exemplo, é uma necessidade. Afinal, é importante que cada profissional entenda o seu papel e todas as suas responsabilidades dentro da organização. Para que a autogestão funcione, a comunicação direta e sem ruídos é outro aspecto que deve ser desenvolvido pelos profissionais e exigido pelas empresas.

FLEXIBILIDADE A PARTIR DA TECNOLOGIA

A flexibilidade é parte essencial dentro dos novos padrões. Desde a criação de uma rotina flexível para realizar suas funções, com liberdade para escolher os melhores horários de trabalho, até mesmo a possibilidade de escolher como trabalhar, tudo isso deve ser discutido em conjunto, com os gestores tomando a frente do processo para definir o método mais eficiente.

A ideia é garantir que todos os profissionais encontrem a forma mais produtiva de trabalhar. Com a transformação digital e o acesso a recursos inovadores, se torna muito mais fácil garantir que o ritmo de trabalho não seja atrapalhado. É importante, então, que as organizações entendam essa tendência e adotem uma postura mais flexível em relação ao ambiente e ao modelo de trabalho.

Estas conclusões foram retiradas de um estudo da DocuSign - Transformação digital e os novos modelos de trabalho, realizado em 2021. **Estar preparado para esses novos modelos que as organizações irão operar é fator crítico para adaptar-se e ter sucesso na nova economia.**

FUTUROS POSSÍVEIS DO TRABALHO

"Nossa intuição sobre o futuro é linear. Mas a realidade da tecnologia da informação é exponencial, e isso tem uma diferença profunda. Se dou trinta passos linearmente, são trinta passos. Se dou trinta passos exponencialmente, são bilhões de passos." (Ray Kurzweil, cofundador da Singularity University)

Os estudiosos do mundo do trabalho elaboram três futuros possíveis para o mundo do trabalho.

FUTURO 1 – MUITOS ROBÔS, MUITOS DESEMPREGADOS

Oscar Wilde não foi o primeiro a fazer previsões que as máquinas poderiam fazer o trabalho dos seres humanos, mas ele foi o mais articulado. Como já vimos no capítulo anterior e agora reforçamos com o estudo do Gartner, que projeta que cerca de 30% das habilidades listadas em 2017 nas descrições de cargo não seriam relevantes em 2021. A preocupação se espalhou. Em fevereiro de 2016, o professor da Rice University Moshe Vardi citou no Financial Times:

"Estamos chegando a um tempo em que as máquinas estarão aptas a superar os humanos em quase todas as tarefas. A sociedade precisa confrontar esta questão antes que esteja sobre nós: se as máquinas são capazes de fazer qualquer trabalho que os humanos podem fazer, o que os humanos farão?"

Em 2019, em um debate com o fundador do Alibaba Jack Ma em Xangai, China, o CEO da Tesla, Elon Musk, afirmou que a Inteligência Artificial irá tornar os trabalhos irrelevantes.

Quer saber se o seu trabalho será automatizado, entre no site WillRobotsTakeMyJob.com, e veja qual a probabilidade.

Obviamente que o Futuro 1 é um cenário de escassez. O tamanho da fatia de trabalhos diminui, porque a tecnologia proporcionará menos trabalhos disponíveis para os humanos.

FUTURO 2 – MUITOS EMPREGADOS, ASSISTIDOS POR ROBÔS

O segundo cenário é justamente o oposto, o qual podemos chamar de Cenário Abundante. Neste possível amanhã, nossas tecnologias ajudarão a criar tanto trabalho que não teremos pessoas suficientes para fazê-los. Ou, mesmo que muitos trabalhos desapareçam, nós todos descobriremos como isso não importa, porque todos nós teremos economias inclusivas.

John Markoff, autor de *Machines of Loving Grace* (sem tradução ainda no Brasil), escreveu que ele não está preocupado sobre os robôs tomarem nossos trabalhos, já que nossa força de trabalho que envelhece rapidamente precisará de robôs para realizar tarefas que ela não estará mais apta para realizar.

FUTURO 3 – MUITO TRABALHO E MUITO SUBEMPREGO – E DESEMPREGO

Nesse cenário futuro, existe tanto abundância como escassez. Como isso pode acontecer? No seu influente e presciente livro de 1988, *In the Age of the Smart Machine*, a autora Shoshana Zuboff pontuou sobre a probabilidade de as tecnologias disruptivas nos levar à utopia e distopia de empregos. Aqueles que poderão navegar em rápidas mudanças no trabalho podem prosperar. Mas aqueles que não se adaptarem rapidamente serão deixados para trás, abandonados.

Os três futuros do trabalho não são previsões. Eles são cenários. Possibilidades. Exatamente possibilidades. Mas um ou outro irá acontecer devido às decisões que faremos hoje! E é justamente sobre isso que falaremos a seguir.

A OBSOLESCÊNCIA PROFISSIONAL

*"A única constante é a mudança,
e a taxa de mudança está aumentando."*
(Peter Diamandis)

Tudo o que a gente sabe se torna obsoleto em 5 anos ou bem menos. Mais de 1/3 das competências requeridas para a maioria das profissões que serão relevantes nos próximos 5 anos não são relevantes hoje. Cerca de 50% do conteúdo adquirido no primeiro ano de um curso regular em uma universidade torna-se obsoleto no quarto ano. E 45% das tarefas executadas por seres humanos hoje serão automatizadas no futuro. E aí, está preparado para ficar obsoleto? Como você está lutando contra essa tendência?

Para não ficarmos obsoletos, precisamos ser eternos aprendizes, iremos aprofundar nos próximos capítulos dicas para que você faça isso de uma maneira mais eficaz. Por enquanto, queremos somente que saiba que o modelo de educação utilizado atualmente ainda não está preparado para a nova economia. Pois ele:

- É orientado pela lógica das respostas prontas;
- Não estimula o risco;
- É centrado no conhecimento especializado;
- Não valoriza conteúdos multidisciplinares;
- Apresenta segregação entre universidades e empresas.

Faz-se necessário mudar a educação atual, que ainda é pautada pelo modelo da Era Industrial. Precisamos de uma filosofia de educação adequada às necessidades e contexto da 4ª. Revolução Industrial, ou seja, à nova economia. As bases de uma nova filosofia de educação para um novo mundo devem contemplar as seguintes características:

- Focada na autonomia do indivíduo;
- Método de resolução de problemas;
- Corpo docente que alia acadêmicos e *experts* de mercado;
- Ementa flexível forma "especialistas-generalistas";
- Ensina o aluno tanto a aprender como desaprender;
- O ato de errar faz parte do processo de aprendizagem;
- Estimula o conhecimento sobre tecnologias.

E, como consequência, prepara as pessoas, que são o principal vetor de transformação da sociedade, para uma realidade mais digital e bem diferente da velha economia.

AS FORÇAS QUE ESTÃO MUDANDO A FORMA COMO TRABALHAMOS

As principais forças que estão mudando a forma como trabalhamos e todas as outras modificações que estamos vivenciando nesta nova economia são:

- **Velocidade** – esta evolui em ritmo exponencial e não linear;
- **Amplitude e Profundidade** – revolução digital como base e a combinação de várias tecnologias, levando a mudança de paradigmas à economia, aos negócios, à sociedade e ao indivíduo;
- **Impacto Sistêmico** – envolve a transformação de sistemas inteiros entre países e dentro deles, em empresas, indústrias e em toda sociedade.

Todas as inovações e tecnologias têm uma característica em comum: elas aproveitam a capacidade de disseminação da digitalização e tecnologia da informação. Então, em resumo, as forças que modificaram e continuarão a gerar modificações no mundo são tais quais as que listamos agora:

- disrupção;
- crescente velocidade da mudança tecnológica;
- exponencialidade;
- globalização e surgimento de competidores globais;
- o *software* engolindo o mundo;
- mudança dos consumidores;
- mudanças profundas no mundo do trabalho;
- desaparecimento de muitas empresas;
- o absurdo número de *startups* de alto potencial de crescimento entrando em todas as indústrias.

O fato é que as mudanças que ocorreram fizeram com que as organizações também buscassem se adaptar aos novos contextos. Se antes elas eram muito focadas somente nos negócios e nenhum foco em pessoas, como comentamos anteriormente, elas começaram a perceber que precisavam mudar. Elas "perderam a mão" e não tinham foco nem nos negócios nem nas pessoas. Clientes e funcionários estavam infelizes e a liderança ausente.

A partir da segunda metade do século XX (quando surgiu a Terceira Revolução Industrial), as empresas começaram a falar de pessoas. E muitas delas focaram excessivamente em pessoas. O líder passa a preocupar-se com o desempenho e interação com os outros. As empresas estão "errando a mão" quando tentam criar uma organização muito focada em pessoas e esquecem o negócio. A liderança é aquele tipo "fim de semana na praia", na empresa tem mesa de *ping-pong*, escorregador, pode comer *cheeseburguer* a qualquer hora, cerveja no final da tarde etc.

O que acontece? Os resultados não vêm e o líder não sabe o que fazer, mas tem as demandas do cliente. Aí o líder volta e usa as únicas ferramentas que ele tem, que são aquelas que ele aprendeu no modelo de autoridade e obediência. Dá "porrada" em todo mundo e a turma volta a entregar tudo. E fica nesse "vai e volta". Esse é o desafio de mudar. E como sair desse ciclo?

A origem de tudo vem de como fomos educados. De como enxergamos o valor dessa relação com o mundo produtivo. Sofremos as influências dos nossos pais, professores e patrões, e essas percepções que adquirimos podem ajudar ou prejudicar nossa adaptação a esse novo mundo do trabalho.

Portanto, nosso desafio agora é entender qual é o significado do trabalho. Ele não é mais somente social e econômico. Ele agora também é psicossocial. Tem a ver como você enxerga a sua relação com o trabalho. É como você define a sua identidade a partir do que você coloca no seu trabalho.

- O que é trabalho para você?
- O que é sucesso para você?
- O que é prosperidade para você?
- Qual o futuro que você escolhe?

Essas reflexões são a essência do que queremos que você reflita e de tomadas de decisões para ser uma pessoa de sucesso e prosperidade nesta nova economia.

A gente trabalha porque a gente precisa de dinheiro. E esta necessidade fez com que nos acostumássemos com o emprego – hierarquia, cargo, rotina etc. E tudo isso foi abafando a nossa forma de contribuir. Era só fazer o nosso trabalho "direitinho" que íamos progredir na carreira, mesmo que às vezes isso provocasse a nossa infelicidade. Buscar fazer um trabalho no qual fossemos felizes era "frescura". Esse modelo fez com que hoje vivamos o "Êxodo Organizacional". Esse movimento, do inglês, "The Great Resignation" (A Grande Demissão), pode ser chamado de grande renúncia, desistência ou ressignificação.

O conceito foi lançado pelo professor Anthony Klotz, especialista em psicologia organizacional, da Universidade do Texas, que previu um êxodo em massa dos empregos no 1º semestre de 2021 no EUA, em função de quatro tendências:

- Acúmulo de demissões paralisadas, ou seja, os funcionários já desejavam sair das empresas e adiaram a decisão.
- Altos níveis de *burnout* (esgotamento profissional).
- Decisão de mudanças em suas vidas, que afetam o profissional.
- Ampliação do trabalho remoto, consequentemente, o desejo de muitas pessoas de manter maior flexibilidade por meio de trabalho híbrido, ou *home office*.

De acordo com a Microsoft, no relatório mundial de tendências (The World Trend Index), de março de 2021, mais de 40% da força de trabalho global considerava trocar de trabalho naquele ano de 2021. Em abril, o Bureau of Labor Statistics contabilizou 4 milhões de americanos que haviam deixado o emprego voluntariamente. No acumulado até outubro, esse número subiu para 20 milhões. Como será que as empresas estão lidando com esse novo pensamento? Será que está acontecendo no Brasil? E você, está pensando em mudar de trabalho?

Na Carta ao Leitor da revista VOCÊ RH de junho de 2022, a editora chefe Marcia Kedouk comentou:

> *"Costuma ser assim: quando a rotatividade aumenta, especialmente entre os profissionais qualificados, as empresas tendem a culpar o mercado, alegando que os funcionários pedem demissão em busca de melhores salários. Em alguns casos, é verdade. Mas, em muitos outros, o motivador principal não é o dinheiro. Estudo da Kapersky com mais de 8 mil respondentes indica que 50% querem mudar de emprego para ter mais harmonia entre vida pessoal e profissional. Já uma pesquisa da consultoria Produtive mostra que 46% dos entrevistados pediram demissão por falta de perspectiva de carreira e desenvolvimento na empresa em que atuavam. E, segundo um relatório da Gartner, 67% dos profissionais aumentaram suas expectativas de que as companhias sejam mais flexíveis. São indícios de que a dedicação exaustiva à empresa em troca de um posto mais alto na hierarquia está deixando de fazer sentido – e não só para as novas gerações".*

Sabemos que até hoje o principal motivador para o trabalho foi o dinheiro. Se nós perguntarmos a você por que você trabalha, talvez você nos responda pelo propósito, pela sua missão, ou por qualquer outro motivo, mas ao final de três ou cinco vezes fazendo a mesma pergunta, você provavelmente irá responder por causa do dinheiro que é necessário para sobreviver, satisfazer suas necessidades alimentares, de moradia, segurança, vestuário, transporte, lazer etc.

Porém, hoje, o trabalho tem um significado diferente. É a sua relação com o mundo. Dinheiro sempre importa, mas não é o mais importante. Queremos mais propósito e significado. Hoje, o trabalho representa três papéis: o financeiro, o social e o psicológico. E para descobrirmos o que o trabalho significa para cada um de nós, precisamos do autoconhecimento. Ele está diretamente relacionado a nossa autorrealização.

O trabalho que realizamos deve contemplar o que desejamos em termos de autenticidade, bem-estar, liberdade, propósito, interação e amor, bem como deve proporcionar o que queremos em termos de impacto, crescimento, disciplina, responsabilidade e entrega. Que conversa você vai ter com você?

Na reportagem da VOCÊ RH citada anteriormente, a jornalista coloca que "por muitos anos, o trabalho foi visto como parte central e mais importante da vida". Horas ininterruptas de dedicação eram glamourizadas; e mantras corporativos do tipo "trabalhe enquanto eles dormem" vistos como a fórmula para ter sucesso... Na prática, há uma mudança de valores em curso, na qual a maioria das pessoas não quer mais viver apenas para trabalhar e crescer na hierarquia tradicional com o único objetivo de ganhar cada vez mais. A busca, atualmente, está focada em flexibilidade, desenvolvimento e propósito. "Antes, a identidade de alguém era o sobrenome da empresa. Hoje, o trabalho perdeu essa centralidade e as pessoas querem mais do que isso, querem viver outras experiências", diz o professor da FGV, Anderson Santana.

"A felicidade, seja no trabalho ou em outros espaços de vida, deverá sempre constituir um propósito fundamental, ou seja, um direito inalienável de todo e qualquer ser humano, independentemente de

raça, credo ou gênero, uma vez que, quando presente, tem evidentes repercussões positivas na saúde física, psíquica e espiritual da sociedade, o que contribui, sobremaneira, para elevar o índice de desenvolvimento humano, bem como a felicidade interna bruta, das comunidades humanas, que se encontram espalhadas, pelos seis continentes do planeta Terra." (Tay, Kuykendall & Diener, 2015).

TRABALHO HEDONISTA E EUDAIMÔNICO, DUAS PALAVRAS INCOMUNS, MAS DE GRANDE IMPORTÂNCIA PARA A NOSSA FELICIDADE NO TRABALHO.

Com o aumento da preocupação em relação à saúde, bem-estar e felicidade, pesquisadores vêm buscando respostas sobre quais variáveis podem proporcionar bem-estar e levar as pessoas a obterem melhor desempenho. Os fundamentos do bem-estar no trabalho assentam-se nas teorias de bem-estar que remontam às questões filosóficas do hedonismo e do eudaimonismo. A evolução dos conceitos de bem-estar subjetivo e psicológico serve para fundamentar a concepção e a evolução de um modelo de bem-estar no trabalho.

As palavras **eudaimonismo ou eudaimonia** dizem respeito a uma doutrina que prega a felicidade como a finalidade da vida humana. Segundo Aristóteles, a felicidade é uma finalidade (*telos*) maior e comum a todos os seres racionais. Nessa concepção teleológica (que busca apontar finalidades para as ações práticas), todas as ações humanas ocorrem visando a alcançar algum estágio de felicidade. Essa busca, porém, não dá ao ser humano a plena liberdade de ação, pois essa deve estar em conformidade com a felicidade dos outros. A eudaimonia aristotélica está baseada na excelência da ação humana, que possibilita a virtude por meio do que Aristóteles chamou de mediania ou justa medida da ação. Uma ação virtuosa é a que se esquiva dos vícios, por falta de algo ou excesso de algo, e promove a ação prudente, capaz de levar à felicidade.

Ainda na Antiguidade, surgiu outra doutrina capaz de inspirar a vida prática com vistas à conquista da felicidade, a saber, **o hedonismo**.

O hedonismo, do grego hedonê (prazer), é a busca dos prazeres como objetivo de uma vida feliz.

O hedonismo foi modificado e disseminado entre as escolas filosóficas helenísticas, principalmente o epicurismo. Epicuro fez significativas transformações no hedonismo, pois ele submeteu a busca pelo prazer à racionalidade e à moderação. Segundo o filósofo grego, buscar os prazeres naturais com moderação era um meio de alcance da felicidade.

Há, porém, uma significativa diferença entre o hedonismo e a eudaimonia, pois ele defende a busca da felicidade por meio de ações que visem ao bem comum, o bem político, aquele defende a busca pelo prazer individual como meio de chegar à felicidade.

É importante salientar que o hedonismo antigo e o epicurismo não defendem a busca do prazer desmedido, como ocorre no hedonismo moderno propagado pelo Marquês de Sade, que evidencia o egoísmo e a indiferença com o sofrimento alheio como meios de alcance do prazer.

O hedonismo antigo é voltado para ações individuais, mas aponta a necessidade dessas ações serem racionalizadas, pensando sempre no bem, no mal e no sofrimento que o indivíduo pode causar a si, mesmo que esse seja um sofrimento indireto derivado da culpa ao causar danos aos outros.

Trazendo esses dois conceitos para o mundo do trabalho atual, o que diferencia o hedonismo do eudaimonismo é que no primeiro eu quero somente fazer trabalhos que me tragam prazeres como objetivo de uma vida feliz, ou seja, fico com trabalhos que me dão grandes prazeres. Enquanto o segundo foca que aquele trabalho pode até não ser tão prazeroso, mas ele tem que ser feito, exige disciplina e impacta positivamente a vida dos outros.

É como se você perguntasse a um surfista que também é empreendedor e faz pranchas para vender, qual é o trabalho que lhe dá mais prazer. A grande probabilidade é que ele lhe responda que é "pegar ondas" (trabalho hedonista). Mas que, para garantir a sua sobrevivência e das famílias que trabalham na fábrica de pranchas, ele também precisa fazer o trabalho de gestão de estoques, gestão financeira, gestão da produção etc. (trabalho eudaimônico).

(Adaptado do site Mundo Educação)

Hedonismo e Eudaimonismo são as duas faces de uma mesma moeda. É importante que a nossa vida seja feita de momentos de prazer máximo. Como, por exemplo, jogar bola, sair à noite, estar com os amigos, comer uma boa fatia de bolo de chocolate, comprar um vestido ou uma peça de roupa ou até mesmo comprar um carro. São tudo momentos que, de fato, ajudam a elevar os nossos índices de felicidade momentâneos, mas todos sabemos que a sua durabilidade e sustentabilidade são pouco duradouras. Voltamos muito facilmente ao nosso *set point* anterior.

A Felicidade ou Trabalho Hedônico caracteriza-se assim:

- Mais orientado para os bens materiais;
- Vem de fora;
- Busca máxima do prazer e fuga da dor.

Esta perspectiva de "felicidade" entra-nos todos os dias pelas nossas casas quando assistimos às publicidades das grandes marcas de carros, brinquedos, produtos de beleza, que dizem: "Compre isto e seja muito mais feliz". Todos nós sabemos que não é bem assim. Nesse âmbito, é frequente entrarmos no que os psicólogos positivos chamam de "passadeira hedônica". Ou seja, estamos constantemente em busca do que nos dá prazer agora e nunca estamos satisfeitos. Muito característico das nossas crianças, que buscam sempre aquilo que não têm, nunca estando satisfeitas com o que têm.

Por outro lado, temos a visão Eudaimônica da "Felicidade", que é a junção do grego Eu, que significa "bom", e *daemon*, que significa "espírito". É uma visão seguida por Aristóteles que tem uma citação muito interessante sobre "Felicidade", que nos diz:

- O que significa então o Bem-estar Eudaimônico?
- Significa lutar por algo maior do que nós próprios.
- É colocar todo o nosso esforço em prol de um desafio.
- Busca incessante por crescimento pessoal.

- Está relacionado com o nosso propósito de vida.
- É o que vem do interior da pessoa.

Na sua essência, Eudaimonismo significa lutar por si próprio e ir atrás daquilo que você acredita, independentemente dos resultados que estejam a acontecer. Felicidade eudaimônica significa, muitas vezes, "sofrer" por algo que nós sabemos que vai resultar. Significa ser "Resiliente", pois quantas vezes fazemos esforços hoje com o objetivo de sermos felizes amanhã. É tudo o que Eudaimonismo é.

E isso faz com que existam dois tipos de personalidade. Pessoas com personalidade mais hedônica que buscam prazer imediato e só se preocupam com o agora e outras com personalidade eudaimônica que lutam e resistem às adversidades para perseguirem os seus objetivos.

Uma não é melhor do que a outra. Um equilíbrio entre as duas talvez seja o mais indicado. É importante potenciarmos na nossa vida momentos hedônicos, mas é igualmente importante cultivarmos o nosso propósito e significado para a nossa vida.

Tal como dizem os orientais… o segredo está mesmo no equilíbrio.

TEMPOS TURBULENTOS EXIGEM NOVAS HABILIDADES: RESKILLING E UPSKILLING

"Não é a espécie mais forte que sobrevive, nem a mais inteligente, mas aquela que melhor se adapta às mudanças."
(Charles Darwin)

"62% dos executivos acreditam que eles precisarão retreinar ou trocar 25% da sua força de trabalho até 2030."
(Relatório Jobs Lost, Jobs Gained: Workforce Transitions in a Time of Automation, McKinsey)

A Singularity University certa vez declarou "Seres humanos não estão equipados para processar crescimento exponencial." Por que será? Investigando com maior profundidade essa questão, chegamos ao ponto que a grande diferença está na nossa forma de pensar. Estávamos habituados a viver em um mundo linear, cujo grande modelo que representava essa época era a linha de produção. Nossas mentes foram configuradas para pensarmos de forma linear.

Só que hoje vivemos em um mundo exponencial. No livro *A nova gestão*, página 38, descrevemos as novas leis que regem esta nova economia. E uma delas é a Lei de Moore, "que consiste no estudo de que o número de transistores dos chips teria um aumento de 100%, pelo mesmo custo, a cada período de 18 meses".

Para facilitar nossa compreensão, antes de seguir adiante, quero apresentar uma estória contada em vários livros.

A estória que é contada mundialmente se passa na Índia. Havia uma pequena cidade chamada Taligana, e o único filho do poderoso rajá foi morto em uma sangrenta batalha. O rajá entrou em depressão e nunca havia conseguido superar a perda do filho. O grande problema era que o rajá não só estava morrendo aos poucos, como também se descuidava em relação ao seu reino. Era uma questão de tempo até que o reino caísse totalmente. Vendo a queda do reino, um brâmane chamado Lahur Sessa, certo dia, foi até o rei e lhe apresentou um tabuleiro contendo 64 quadrados, brancos e pretos, além de diversas peças que representavam fielmente as tropas do seu exército, a infantaria, a cavalaria, os carros de combate, os condutores de elefantes, o principal vizir e o próprio rajá. O sacerdote disse ao rajá que tal jogo poderia acalmar seu espírito e que, sem dúvida alguma, iria curar-se da depressão. De fato, tudo o que o brâmane disse acontecera, o rajá voltou a governar seu reino, tirando a crise de seu caminho.

Era inexplicável como aquilo tudo aconteceu, sendo um único tabuleiro com peças o responsável por tirar a tristeza do rajá. Ele ficou tão satisfeito que deu ao homem o direito de escolher sua própria recompensa. O inventor, com sua sabedoria, pediu que a sua recompensa fosse um grão de trigo pelo primeiro quadrado do tabuleiro, dois pelo segundo quadrado no dia seguinte, quatro pelo terceiro no outro dia e, assim por diante, duplicando a quantidade a cada vez. O rei, que tinha um pensamento linear, ficou com pena do homem por ter pedido uma recompensa tão pequena, mas aceitou imediatamente a proposta. Depois de dez dias, a quantidade de grãos era somente 1024 grãos. Mais dez dias após, então as coisas começam a decolar, e já chegamos a um milhão de grãos. Com mais dez dias, chegamos a um bilhão, depois, um trilhão... Chegando na última casa do tabuleiro, teria uma quantidade equivalente a 461.168.602.000 toneladas métricas de trigo (461 bilhões, imaginem!). É muito trigo. Seria um monte de trigo maior do que o Everest.

Percebeu a diferença? Entre o pensamento linear e o exponencial?

Hoje, estamos vivendo uma era exponencial com a Quarta Revolução Industrial. O desenvolvimento em genética, inteligência artificial, robótica, nanotecnologia, impressão 3D e biotecnologia, para citar apenas alguns, está construindo e ampliando, interagindo uns aos outros. Representam grandes desafios que exigem adaptação proativa por parte de indivíduos e empresas.

Conforme vimos anteriormente no estudo do McKinsey Global Institute, a previsão é de que cerca de 800 milhões de pessoas em todo o mundo terão que adquirir ou fazer um *upgrade* das suas habilidades ou poderão ficar desempregadas até 2030. Além disso, muitos jovens estão aprendendo profissões que vão deixar de existir. Está claro que a necessidade de mais talentos em certas categorias de trabalho é acompanhada por alta instabilidade de competências em todas as categorias de trabalho. A instabilidade faz com que a maioria das empresas enfrente atualmente grandes desafios de recrutamento e escassez de talentos, um padrão já evidente nos resultados e que deve piorar nos próximos cinco anos. Precisamos rapidamente fazer processos de *Reskilling* e *Upskilling*. Esse contexto dinâmico e acelerado exige profissionais em constante desenvolvimento profissional e, quando se trata desse assunto, *reskilling* ou *upskilling* podem ser os melhores caminhos.

Vamos recorrer ao site da VAGAS, uma das maiores empresas de recrutamento do Brasil, para descrever melhor esses dois conceitos.

A capacidade de atualizar suas competências e habilidades – ou *reskilling* – é a capacidade de adaptar o que você já tem às novas necessidades da era de trabalho digital. Independentemente da sua idade ou da sua experiência, é preciso entender que a transformação digital não tem volta e vem fazendo com que tudo se transforme em ritmo cada vez mais acelerado. É inevitável, sua empregabilidade depende do acompanhamento das novas tecnologias e seus impactos.

> *"Estar pronto para o trabalho do futuro não significa que você precisa começar uma carreira em tecnologia. No entanto, qualquer que seja a sua área, será praticamente impossível ficar imune a ela. Você não precisa fazer uma graduação completa em desenvolvimento de software ou automação. No entanto, para garantir sua relevância no mercado de trabalho, é preciso que você saiba identificar de que forma os avanços tecnológicos impactam as suas atividades e, claro, desenvolver competências tanto técnicas quanto comportamentais que acompanhem essa transformação." (SITE VAGAS)*

Segundo um estudo da Dell Technologies em parceria com o Institute For The Future (IFTF), 85% das profissões que existirão em 2030 ainda não foram criadas. Além disso, a pesquisa da **McKinsey identificou que 87% das empresas não possuem o profissional necessário para o futuro e nove em cada dez líderes já enfrentam a falta de habilidades em algumas áreas**. O *reskilling* se apresenta como uma oportunidade de preencher as lacunas existentes no mercado e ainda desenvolver competências dos profissionais que podem ser mais bem aproveitadas em áreas diferentes das quais eles atuam. Esse método pode ser utilizado por profissionais que desejam mudar sua rota profissional ou ganhar maior versatilidade no trabalho.

O *upskilling* diz respeito ao processo de aprimoramento das competências e conhecimentos que o profissional já possui na função que desempenha. O foco está na importância de desenvolver habilidades em que já possui um certo domínio, para aumentar as possibilidades de agregar valor para si mesmo, sua equipe e a empresa da qual faz parte. O termo *upskilling* se tornou bem popular no mundo dos negócios e pode ser utilizado para se referir a duas situações diferentes. No nível macro, o termo é utilizado para indicar as profundas mudanças pela qual uma empresa deve passar em função da transformação digital. Por outro lado, no nível micro, esse mesmo termo indica o processo de aprimoramento de cada profissional. **Nos dois casos, o desafio é o mesmo: somente profissionais e empresas que buscam melhorias, atualizações e qualificações em suas áreas de atuação serão capazes de sobreviver e crescer no mercado.**

A diferença entre ambos os conceitos está no objetivo da formação: enquanto o *upskilling* visa ensinar as pessoas novas competências para otimizar seu desempenho, o *reskilling* (também conhecido como reciclagem profissional) procura dar treinamento a uma pessoa para que ela possa trabalhar em novos postos nas empresas.

O relatório da pesquisa Future of Jobs do Fórum Econômico Mundial apresenta que as principais dificuldades para a mudança são o insuficiente entendimento das mudanças disruptivas, escassez de recursos, pressão dos *shareholders*, busca de lucro no curto prazo e a estratégia de pessoas não está alinhada à estratégia de inovação (gráfico a seguir). O que isso significa? Mostra claramente que para as empresas se adaptarem à nova economia, elas precisam de pessoas que possuam um *mindset* adequado à realidade atual. E é justamente sobre isso que falaremos a seguir.

Significado das barreiras para as mudanças

Fonte: Future of Jobs Survey, World Economic Forum.

"Provavelmente, você já ouviu o termo soft skills, uma frase que é comumente usada para descrever uma série de habilidades interpessoais e comportamentais que as pessoas podem exibir. Você provavelmente também ouviu a comunicação referida como uma habilidade suave. Mas não achamos que esse termo capte a dificuldade ou o valor dessas capacidades essenciais.

A verdade é que se tornar um comunicador eficaz é um trabalho árduo, um dos mais difíceis que você já fez. Requer pensamento criativo, bem como um planejamento cuidadoso. Uma capacidade de entender e se conectar profundamente com outras pessoas. Um senso claro de seu propósito e poder como indivíduo... sem mencionar a autoconsciência e o autocontrole. E, quando bem-feito, exerce uma influência incrível no mundo. Esse é um resultado bastante poderoso.

É por isso que muitas pessoas agora estão se referindo às soft skills como 'habilidades de poder'. Nós concordamos. Enquanto as habilidades como comunicação, ouvir, contar histórias e criatividade podem ser ensinadas, elas são difíceis de dominar. Essas habilidades NÃO são suaves; elas são DIFÍCEIS. Elas são, por definição, 'complexas e comportamentais por natureza', e representam o que são 'habilidades exclusivamente humanas', que não podem ser 'feitas por máquinas', transferíveis entre disciplinas e funções. Mais importante ainda, as habilidades de poder permitem que trabalhadores, equipes e organizações flexibilizem, se adaptem e cresçam, tornando-os recursos essenciais para o futuro do trabalho."

3 Principais Habilidades por Funções Desempenhadas na Organização

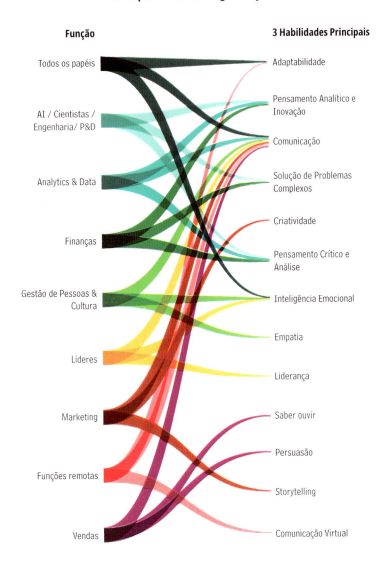

Fonte: Learning & Development Annual Trends Survey 2022.

O QUE FAZER PARA ESTAR PREPARADO EM 2030

... por que devemos mudar nosso comportamento?

Por que mudar a maneira como trabalhamos, se construímos uma carreira de sucesso?

Conforme os ambientes mudam, as variações podem tornar os organismos mais ou menos adaptados, de maneira que o que mais se adapta tem mais probabilidade de sobreviver. A questão então é como as empresas e os indivíduos irão reagir a esse desenvolvimento. Que tipo de habilidades os trabalhadores precisam adquirir para ter certeza de que terão valor na economia dos próximos anos? Mudanças disruptivas nos modelos de negócios terão um impacto profundo no cenário de empregos nos próximos anos. Em muitos setores e países, as ocupações ou especialidades mais procuradas não existiam há dez ou mesmo cinco anos, e o ritmo das mudanças deve acelerar. Segundo uma estimativa popular, 65% das crianças que entram na escola primária hoje acabarão trabalhando em tipos de empregos completamente novos que ainda não existem. Em um cenário de empregos em rápida evolução, a capacidade de antecipar e se preparar para as necessidades de habilidades futuras, o conteúdo do trabalho e o efeito agregado sobre o emprego são cada vez mais críticos para empresas, governos e indivíduos, a fim de aproveitar totalmente as oportunidades apresentadas por essas tendências – e para mitigar resultados indesejáveis.

Como comentamos anteriormente desde o lançamento do livro *O fim do emprego*, de Jeremy Rifkin, em 1995, o futuro parece amargo para o mercado de trabalho. Quando a humanidade entendeu que a automação iria substituir o ser humano em grande parte dos postos de trabalho conhecidos, passou os mais de 20 anos seguintes tentando prever as possíveis catástrofes de um cenário assim.

Segundo estudo do WSGN, nem tudo está perdido.

> *Mas nem tudo está perdido para o homo sapiens. Ao mesmo tempo em que a automação é um processo sem volta, 65% das crianças que hoje estão no Ensino Fundamental terão empregos que ainda nem existem (Fórum*

Econômico Mundial). Segundo estudo da Gartner, a inteligência artificial criou 2,3 milhões de empregos em 2020, enquanto eliminou 1,8 milhões. Ou seja, o mercado ainda vai mudar muito e nos levar a lugares que não podemos imaginar. A melhor forma de se preparar para esse novo mercado é prestar atenção às transformações que estão acontecendo agora e reconhecer nelas os embriões desse futuro. Tendências em consumo, educação, meio acadêmico, obtenção de renda, novas profissões e ambiente de trabalho nos dão uma dica do que está por vir. Dentre as descobertas desse estudo, a maior delas, no mínimo, curiosa, para não dizer irônica, vai animar os otimistas. Aparentando ser uma espécie de resgate da nossa relevância em meio a tanta tecnologia, a Quarta Revolução Industrial tem revelado a importância das competências humanas para a gestão e a transformação do mercado de trabalho. Elas estão sendo colocadas no centro das tomadas de decisão tanto conscientemente, como é o caso dos parâmetros de recrutamento e seleção nas empresas, quanto intuitivamente, como a preferência das novas gerações por empresas mais transparentes.

Assim sendo, todos os trabalhadores têm a necessidade de se requalificar para essa nova economia.

SERÁ A MORTE DAS COMPETÊNCIAS TRADICIONAIS?

Você sabia que a cada duas semanas um idioma morre? Mais 230 idiomas desapareceram nos últimos 70 anos. Quase toda competência tradicional que nossos antepassados dominaram pode ter um destino semelhante. As pessoas não precisam mais exercitar essas competências para sobreviver.

O futurólogo Alvin Toffler, no início dos anos 2000, disse uma frase que temos utilizado muito nos últimos anos: "O analfabeto do século XXI não será aquele que não sabe ler ou escrever, mas aquele que se recusa a aprender, desaprender e reaprender". As capacidades de aprender e de reaprender se tornam cada vez mais essenciais em um cenário de mudanças rápidas. As habilidades de hoje não serão as mesmas de amanhã.

Quantas vezes você precisou que alguém da sua equipe adquirisse novos conhecimentos técnicos em um projeto ou até mesmo mudasse quase que completamente de ferramentas e tecnologias?

Esse é o processo que estimula o desenvolvimento pessoal e profissional de maneira voluntária, proativa e permanente, a partir de experiências de aprendizagem. Muitas empresas valorizam o *lifelong learning* (aprendizado durante toda a vida) porque possuem uma cultura de aperfeiçoamento e desenvolvimento de colaboradores, uma vez que a formação contínua fortalece outras habilidades que auxiliam nos desafios mais complexos dos ambientes corporativos.

E QUAIS AS VANTAGENS DE SER UM ETERNO APRENDIZ?

Os avanços tecnológicos permitem que o *lifelong learning* seja mais acessível e proporcionam a divulgação do conhecimento de forma mais rápida e simples. O ensino, antes restrito a ambientes formais, está cada vez mais presente em novos espaços, por meio das plataformas digitais, inclusive em ambientes móveis, como os celulares.

O que você tem aprendido, desaprendido e reaprendido neste último ano? Como você pode se preparar?

Aprendido	Desaprendido	Reaprendido

Daquilo que você "aprendeu" na escola, quanto ficou?

AS GERAÇÕES E SUAS FORMAS DE APRENDER

Se você é da geração ***babyboomer***, nasceu entre 1940 e 1960, você deve ter a seguinte mentalidade em relação ao mercado de trabalho: um emprego para a vida toda e valoriza a ascensão profissional. Você provavelmente aprenderá da forma que a maioria das pessoas dessa geração aprendem.

Como aprendem:
- São bastante consumidores e inovadores, portanto, estão sempre atentos às movimentações do mercado. Por essa razão, na maioria das vezes estão em cargos de diretoria e gerência nas empresas.
- Possuem raciocínio linear, ou seja, focam na aprendizagem com início, meio e fim, como se fosse a leitura de um livro.
- Preferem ler e seguir programas de ensino tradicionais.
- Como tiveram contato tardio com a internet, geralmente estabelecem uma relação de descoberta com as novas tecnologias.
- Dão grande importância ao treinamento, principalmente relacionado a tecnologias.

Já se você é da **geração X**, nasceu entre 1961 e 1980, a sua relação com o mercado de trabalho deve ser: buscar a ascensão profissional, e como está próximo da aposentadoria, busca aprimorar suas habilidades para conseguir resultados efetivos.

Como aprende:
- Adapta-se rapidamente às tecnologias.
- Utiliza recursos tecnológicos, mas preza pelo consumo de informação de uma forma híbrida (*online* e *off-line*).
- Valoriza a flexibilidade e a aprendizagem colaborativa, com a partilha de conteúdos e o envolvimento das pessoas por meio de comentários.

Valoriza a empresa em que trabalha, mas está sempre buscando oportunidades melhores. Quer ser tratado de igual para igual, independentemente do nível hierárquico. Deseja uma remuneração competitiva, atrelada a metas e objetivos muito claros.

Possuir grande criatividade e capacidade de inovar em suas carreiras são as relações da **geração Y** com o mercado de trabalho. São os nascidos entre 1981 e 1995.

Como aprendem:
- Estão acostumados com o grande fluxo de informações.
- Consomem informações com facilidade e rapidez.
- Gostam de aprender informalmente.
- Possuem raciocínio linear.

Os nascidos entre 1996 e 2010 são os que compõem a **geração Z**. Recém-chegados ao mercado de trabalho, são desapegados das fronteiras geográficas. Também não são fãs da burocracia e gostam da ideia de trabalhar em casa. Além disso, apesar de serem populares nas redes sociais, na vida real podem não trabalhar bem em grupo – devido a sua forte característica de independência. A tomada de decisão acontece de forma ágil. Esperam rápida ascensão na carreira.

Como aprendem:
- Consomem informação principalmente via *smartphones* e têm preferência por conteúdos em vídeo (curtos), fotos e jogos.
- Aprendem de múltiplas maneiras, são multifocais e convergem em diferentes plataformas.
- Possuem raciocínio não linear.
- Preferem conteúdos visuais a escritos, como vídeos.
- São autodidatas: por serem mais independentes, buscam por si mesmos informações que não conhecem na internet – geralmente em vídeo.

Apesar de não estar ainda no mercado de trabalho, pois nasceu depois de 2010, quero compartilhar com você como aprende a **geração Alpha**.

Como aprende:

- Consome informação em diversos canais, como *on demand*, vídeos, realidade virtual e aumentada, jogos etc.

- A forma de aprendizado é mais horizontal.

- Preza por um ensino personalizado, feito sob medida.

- Apesar de ser a geração com mais acesso a novas tecnologias do que todas as anteriores, gosta da educação híbrida (*online* e *off-line*), que coloque em prática situações do cotidiano.

- Possui raciocínio não linear. Considera cansativas atividades de aprendizado mais tradicionais, como leituras de textos, por exemplo, e tem dificuldade em se concentrar.

(Fonte: Fappes)

UMA CRISE DE EDUCAÇÃO

Diante de um mundo tão diferente do que era, necessitando de novas formas de aprendizado, seria previsível que os impactos nos sistemas educacionais seriam enormes. Hoje ainda temos escolas do século 19, com professores do século 20 e alunos do século 21, não dá certo. Os dados a seguir mostram a crise na educação superior nos EUA. Será que temos algo parecido no Brasil?

- Nos EUA, a dívida com educação ultrapassou US$ 1 trilhão;

- Nos EUA, um ano em uma universidade pode chegar a 500 mil dólares;

- Mas os alunos não estão necessariamente recebendo pelo valor que pagam;

- Outro questionamento: exemplos altamente visíveis de empreendedores de sucesso que usam a falta de diploma universitário como distintivo de honra;

- Minou a crença inabalável de que é preciso um diploma universitário para ser bem-sucedido. Há muitos caminhos alternativos para o sucesso.

O fato é que a maneira como as pessoas aprendem se alterou de tal forma que, se você não buscar conhecer estas novas metodologias e aplicar na sua vida, você vai ficar para trás.

Você já sabe que terá que: passar por processos de *reskilling* e *upskilling* para ser relevante neste novo mundo do trabalho; modificar seu *mindset* para um *mindset* exponencial e para facilitar esses processos devemos ser *lifelong leaners*. Mas, afinal, o que isso significa?

O termo *lifelong learning* não é novo, vem sendo discutido há pelo menos quarenta anos. Mas somente agora, com a transformação da nossa realidade, com a saída de uma velha economia para uma nova economia e com a constatação da necessidade de *reskilling* e *upskilling*, o termo ganhou relevância. Uma das pessoas de maior impacto no mundo, Bill Gates (já dando *spoiler*), a utiliza há vários anos para se manter atualizado.

A aprendizagem ao longo da vida, ou *lifelong learning*, é o que nos permitirá estar preparados para antecipar e nos adaptarmos às mudanças. É o que nos permitirá causar impacto e sermos relevantes! Não importa a sua idade, profissão ou objetivos na vida, a capacidade de aprender está dentro de cada um de nós.

O PROFISSIONAL DO FUTURO

> "A utopia está lá no horizonte. Eu me aproximo dela dois passos, ela se afasta dois passos. Caminho dez passos e o horizonte corre dez passos. Por mais que eu caminhe, jamais alcançarei. Para que serve a utopia? Serve para isso: para que eu não deixe de caminhar."
>
> (Eduardo Galeano, escritor)

No prefácio do livro *Profissional do amanhã*, de Alexandra Levit, a CEO do World Future Society, Julie Friedman Steele, comenta: *"A alternativa é o que chamo de 'a mentalidade do futuro, e é tão simples e intuitiva que nos esquecemos do quanto é verdade: nós criamos o nosso futuro. O futuro é o que fazemos dele. Nós o criamos a cada ciclo trimestral, a cada dia de trabalho e a cada momento. Criamos o futuro em cada escolha que fazemos e em cada interação que temos... o profissional do amanhã pode desempenhar um papel crucial ajudando líderes a entender como impulsionar as habilidades humanas na era do rápido avanço da tecnologia e da mudança. Para que as empresas tenham sucesso no século XXI, funcionários e colaboradores devem ver além das especialidades e cargos para se tornarem eternos aprendizes ágeis".*

Houve uma época que, para termos sucesso na vida, o que mais importava era a nossa inteligência, o famoso teste de QI, quociente de inteligência. Se você é da geração *babyboomer* ou X, talvez tenha feito esse teste. Lembra disso? Mas por que tantos profissionais inteligentes com alto QI não tinham sucesso nas suas carreiras ou vidas?

Com a evolução da humanidade e do conhecimento descobrimos que só QI alto não era suficiente para que uma pessoa fosse bem-sucedida. Surgiu então o QE, quociente de inteligência emocional. Inteligência emocional é um conceito em psicologia que descreve a capacidade de reconhecer e avaliar os seus próprios sentimentos e os dos outros, assim como a capacidade de lidar com eles. Provavelmente, uma das competências responsáveis por boa parte do sucesso e da capacidade de liderança de um ser humano.

A designação de inteligência emocional mais antiga remonta a Charles Darwin, que em sua obra referiu a importância da expressão emocional para a sobrevivência e adaptação. Embora as definições tradicionais de inteligência enfatizem os aspectos cognitivos, como memória e resolução de problemas, vários pesquisadores de renome no campo da inteligência estão a reconhecer a importância de aspectos não-cognitivos.

Em 1983, Howard Gardner, em sua teoria das inteligências múltiplas, introduziu a ideia de incluir tanto os conceitos de inteligência intrapessoal (capacidade de compreender a si mesmo e de apreciar os próprios sentimentos, medos e motivações) quanto de inteligência interpessoal (capacidade de compreender as intenções, motivações e desejos dos outros). Para Gardner, indicadores de inteligência como o QI não explicam completamente a capacidade cognitiva. Assim, embora os nomes dados ao conceito tenham variado, há uma crença comum de que as definições tradicionais de inteligência não dão uma explicação completa sobre as suas características.

O primeiro uso do termo "inteligência emocional" é geralmente atribuído a Wayne Payne, citado em sua tese de doutoramento, em 1985. Na década de 1990, a expressão "inteligência emocional" tornou-se tema de vários livros (e até *best-sellers*) e de uma infinidade de discussões em programas de televisão, em escolas e mesmo em empresas. O interesse da mídia foi despertado pelo livro *Inteligência emocional*, de Daniel Goleman. No mesmo ano, na capa da edição de outubro, a revista *Time* perguntava ao leitor: "Qual é o seu QE?", apresentando um importante artigo assinado por Nancy Gibbs sobre o livro de Goleman e despertando o interesse da mídia sobre o tema. A partir de então, os artigos sobre inteligência emocional começaram a aparecer com frequência cada vez maior por meio de uma ampla gama de entidades acadêmicas e de periódicos populares.

Não temos dúvida de que o QI e o QE são importantíssimos para nosso sucesso, mas eles ainda não são suficientes. Pois neste mundo, onde somos os responsáveis por nossas carreiras, vidas e futuro, elas são insuficientes. Precisamos de uma outra coisa, uma outra inteligência para termos sucesso e prosperidade na Nova Economia.

Falaremos agora sobre o QAM, você já o conhece? O QAM é quociente de automotivação. Mede o nosso nível de automotivação, inclusive para o aprendizado. Até 2021, o Eduardo colocava uma meta de ler no mínimo dois livros por mês, mas, a partir de 2022, diante do aumento da velocidade e da quantidade de coisas que ainda não sabia, colocou como meta ler quatros livros a cada mês.

E você pode estar se perguntando: quem cobra o Eduardo para que ele leia os quatro livros mensalmente? A resposta é ninguém! A automotivação para o aprendizado é que faz com que ele acorde todos os dias mais cedo para dedicar de uma a duas horas de leitura, é a automotivação que faz com que às vezes ele deixe de assistir um jogo de futebol, que gosta tanto, para dedicar aquelas horas à leitura. Pegou o sentido da coisa?

Curiosidade, ambição e disposição para aprender são impulsionadores para a busca do aprendizado. **Entendeu? Entendeu? Sim ou não?**

SEREMOS CENTAUROS?

Na mitologia grega, o centauro (em grego Κένταυρος, Kentauros, "matador de touros") é uma criatura com cabeça, braços e dorso de um ser humano e com corpo e pernas de cavalo. Anteriormente comentamos como é tentador adotarmos visões extremistas sobre a tecnologia. Ou ela irá roubar os empregos, ou ela será descartada. Porém o que acreditamos é que o homem desde a pré-história já utilizava ferramentas para facilitar seus trabalhos, aumentar a produtividade e ter mais prosperidade. Hoje não é diferente. Vamos imaginar que você está a 2 km de distância de um parque que você quer ir para fazer exercícios no domingo pela manhã. Se você for a pé ou correndo, levará determinado tempo. Se utilizar uma bicicleta esse tempo diminui? Se utilizar uma moto o tempo diminui ainda mais? Percebe que já somos centauros? Utilizamos ferramentas e tecnologias para sermos mais produtivos e gerar resultados em menor tempo e com menos esforço.

O grande ponto para nos mantermos relevantes nas próximas décadas é justamente nos enxergar como profissionais centauros. Isso é uma analogia para dizer que devemos nos enxergar como profissionais metade humano, metade máquina (ferramentas, tecnologias, objetos, *wearables* etc.). Ou seja, ADAPTAÇÃO! Nós já utilizamos robôs no nosso dia a dia. Muitas vezes sem nem nos dar conta. Inclusive no ambiente de trabalho. A grande questão é que as próximas décadas irão exigir ainda mais adaptações.

Em vez de pensarmos simplesmente: "A tecnologia irá roubar o meu emprego?", devemos adotar uma postura de muito mais protagonismo em relação a tudo isso. O futuro não chega simplesmente e muda tudo.

Ele é construído todos os dias. Queremos falar agora sobre uma outra característica fundamental para as próximas décadas, é a capacidade de questionar. Nossa capacidade de questionamento é, no fim, o que nos diferencia. O que nos fez chegar até aqui e o que continuará a nos guiar daqui para frente.

Como aprendizados deste capítulo, vimos que se você quer ter sucesso e prosperidade na nova economia, precisa conhecer as tendências globais e futuros possíveis no mundo do trabalho. Também analisamos que uma das características deste novo mundo é a obsolescência profissional – e que você está prestes a se tornar obsoleto. Analisamos as forças que estão mudando a forma como trabalhamos e que tempos turbulentos exigem novas habilidades continuamente, daí a importância do *reskilling* e *upskilling*. Outro ponto muito importante é o que devemos fazer para estarmos preparados em 2030, bem como o perfil do profissional do futuro. E finalizamos fazendo um estudo para entender se todos nós seremos centauros.

No próximo capítulo, falaremos sobre o que é ser uma pessoa de sucesso, o que devemos fazer para ter sucesso, como aumentar seu sucesso e as características das pessoas de sucesso.

 Acesse sua Jornada de Desenvolvimento sobre: SUCESSO E PROSPERIDADE NA NOVA ECONOMIA.

CAPÍTULO 3

CARACTERÍSTICAS DAS PESSOAS DE RESULTADO

CRISTÓVÃO COLOMBO (Génova, entre 22 de agosto e 31 de outubro de 1451 - Valladolid, 20 de maio de 1506) foi um navegador e explorador genovês, responsável por liderar a frota que alcançou o continente americano em 12 de outubro de 1492, sob as ordens dos Reis Católicos de Espanha, o chamado descobrimento da América. Empreendeu a sua viagem através do Oceano Atlântico com o objetivo de atingir a Índia, tendo na realidade descoberto as ilhas das Caraíbas (Antilhas) e, mais tarde, a costa do Golfo do México na América Central. Está enterrado na catedral de Sevilha.

Colombo é creditado como o primeiro explorador europeu a estabelecer e documentar rotas comerciais para as Américas, apesar de ele ter sido precedido por uma expedição viquingue liderada por Leif Eriksson no século XI.

As viagens de Cristóvão Colombo abriram caminho para um período de contato, expansão, exploração, conquista e colonização do continente americano pelos europeus pelos próximos séculos. Essas viagens e expedições trouxeram várias mudanças e desenvolvimento na história moderna do Mundo Ocidental.

MOHANDAS KARAMCHAND GANDHI (2 de outubro de 1869 - 30 de janeiro de 1948) foi um advogado, nacionalista, anticolonialista e especialista em ética política indiana, que empregou resistência não violenta para liderar a campanha bem-sucedida para a independência da Índia do Reino Unido, e por sua vez, inspirar movimentos pelos direitos civis e liberdade em todo o mundo. O honorífico Mahātmā (sânscrito: "de grande alma", "venerável"), aplicado a ele pela primeira vez em 1914 na África do Sul, é agora usado em todo o mundo.

Nascido e criado em uma família hindu no litoral de Guzerate, oeste da Índia, e formado em Direito no Inner Temple, Londres, Gandhi empregou pela primeira vez a desobediência civil não-violenta como advogado expatriado na África do Sul, na luta da comunidade indiana pelos direitos civis. Após seu retorno à Índia em 1915, ele começou a organizar camponeses, agricultores e trabalhadores urbanos para protestar contra o imposto sobre a terra e a discriminação excessiva. Assumindo a liderança do Congresso Nacional Indiano em 1921, Gandhi liderou campanhas nacionais para várias causas sociais e para alcançar o Swaraj ou o autogoverno.

Gandhi levou os indianos a desafiar o imposto salino cobrado pelos ingleses com a Marcha do Sal, de 400 quilômetros, em 1930, e mais tarde pedindo aos britânicos que abandonassem a Índia em 1942. Ele foi preso por muitos anos, em várias ocasiões, na África do Sul e na Índia. Vivia modestamente em uma comunidade residencial autossuficiente e usava o dhoti e o xale indiano tradicional, entrelaçados com fios feitos à mão em um charkha. Comia comida vegetariana simples e também realizou longos jejuns como meios de autopurificação e protesto político.

MARTIN LUTHER KING JR. (nascido Michael King Jr.; Atlanta, 15 de janeiro de 1929 - Memphis, 4 de abril de 1968) foi um pastor batista e ativista político estadunidense que se tornou a figura mais proeminente e líder do movimento dos direitos civis nos Estados Unidos de 1955 até seu assassinato, em 1968. King é amplamente conhecido pela luta dos direitos políticos através da não-violência e desobediência civil, inspirado por suas crenças cristãs e o ativismo não-violento de Mahatma Gandhi.

King liderou em 1955 o boicote aos ônibus de Montgomery e posteriormente se tornou o primeiro presidente da Conferência da Liderança Cristã do Sul (abreviado em inglês como SCLC). Como presidente da SCLC, ele liderou sem sucesso em 1962 a luta contra a segregação em Albany, e foi um dos participantes que organizaram os protestos não-violentos de 1963 em Birmingham. King ajudou na organização da Marcha sobre Washington, onde ele ditou seu famoso discurso "Eu Tenho um Sonho" (em inglês: "I Have a Dream"), aos pés do Memorial de Lincoln.

Em 14 de outubro de 1964, King ganhou o Prêmio Nobel da Paz por combater o racismo nos Estados Unidos através da resistência não-violenta. Em 1965, ele ajudou a organizar as Marchas de Selma a Montgomery. Nos seus últimos anos, ele ampliou seu ativismo contra a pobreza e a Guerra do Vietnã.

King foi premiado postumamente com a Medalha Presidencial da Liberdade e a Medalha de Ouro do Congresso. O Dia de Martin Luther King foi estabelecido como feriado em cidades e Estados dos Estados Unidos a partir de 1971; o feriado foi promulgado a nível federal por uma legislação assinada pelo presidente Ronald Reagan em 1986. Centenas de estradas nos EUA foram renomeadas em sua honra, e um condado em Washington foi dedicado a ele. O Martin Luther King Jr. Memorial no National Mall em Washington D.C. foi inaugurado em sua homenagem em 2011.

NELSON ROLIHLAHLA MANDELA (Mvezo, 18 de julho de 1918 - Joanesburgo, 5 de dezembro de 2013) foi um advogado, líder rebelde e presidente da África do Sul de 1994 a 1999, considerado o mais importante líder da África Negra, vencedor do Prêmio Nobel da Paz de 1993, e pai da moderna nação sul-africana, onde é normalmente referido como Madiba (nome do seu clã) ou "Tata" ("Pai").

Nascido numa família de nobreza tribal, numa pequena aldeia do interior onde possivelmente viria a ocupar cargo de chefia, recusou esse destino aos 23 anos ao seguir para a capital, Joanesburgo, e iniciar sua atuação política. Passando do interior rural para uma vida rebelde na faculdade, transformou-se em um jovem advogado na capital e líder da resistência não violenta da juventude, acabando como réu em um infame julgamento por traição. Foragido, tornou-se depois o prisioneiro mais famoso do mundo e, finalmente, o político mais galardoado em vida, responsável pela refundação do seu país como uma sociedade multiétnica.

Mandela passou 27 anos na prisão — inicialmente em Robben Island e, mais tarde, nas prisões de Pollsmoor e Victor Verster. Depois de uma campanha internacional, ele foi libertado em 1990, quando recrudescia a guerra civil em seu país. Até 2009, ele havia dedicado 67 anos de sua vida à causa que defendeu como advogado de direitos humanos e pela qual se tornou prisioneiro de um regime de segregação racial, até ser eleito o primeiro presidente da África do Sul livre. Em sua homenagem, a Organização das Nações Unidas instituiu o Dia Internacional Nelson Mandela no dia de seu nascimento, 18 de julho, como forma de valorizar em todo o mundo a luta pela liberdade, pela justiça e pela democracia.

THOMAS ALVA EDISON (Milan, Ohio, 11 de fevereiro de 1847 - West Orange, Nova Jérsei, 18 de outubro de 1931) foi um empresário dos Estados Unidos que patenteou e financiou o desenvolvimento de muitos dispositivos importantes de grande interesse industrial. "O Feiticeiro de Menlo Park" (The Wizard of Menlo Park), como era conhecido, foi um dos primeiros a aplicar os princípios da produção maciça ao processo da invenção.

Na sua vida, Edison recebeu 1.093 patentes. Quando considerados também os registros em outros países, além dos EUA, o total é de 2.332 patentes. O fonógrafo foi uma de suas principais invenções. Outra foi o cinematógrafo, a primeira câmera cinematográfica bem-sucedida, com o equipamento para mostrar os filmes que fazia. Edison também aperfeiçoou o telefone, inventado por Antonio Meucci, em um aparelho que funcionava muito melhor. Fez o mesmo com a máquina de escrever. Trabalhou em projetos variados, como alimentos empacotados a vácuo, um aparelho de raios-x e um sistema de construções mais baratas feitas de concreto.

Entre as suas contribuições mais universais para o desenvolvimento tecnológico e científico, encontra-se a lâmpada elétrica incandescente, o fonógrafo, o cinescópio ou cinetoscópio, o ditafone e o microfone de grânulos de carvão para o telefone. Edison é um dos precursores da revolução tecnológica do século XX. Teve também um papel determinante na indústria do cinema.

HENRY FORD (Greenfield Township, atual Condado de Wayne, 30 de julho de 1863 - Dearborn, 7 de abril de 1947) foi um empreendedor e engenheiro mecânico estadunidense, fundador da Ford Motor Company, autor dos livros *Minha filosofia de indústria* e *Minha vida e minha* *obra*, e o primeiro empresário a aplicar a montagem em série de forma a produzir em massa automóveis em menos tempo e a um menor custo. A introdução de seu modelo Ford T revolucionou os transportes e a indústria dos Estados Unidos. Ford foi um inventor prolífico e registrou 161 patentes nos Estados Unidos. Como único dono da Ford Company, ele se tornou um dos homens mais ricos e conhecidos do mundo. No dia 16 de junho de 1903, dia da fundação da Ford Motor Company, foi investido um capital de US$ 150 000 (em valores da época), de 12 sócios, sendo que US$ 28 000 foram investidos pelo próprio Ford, com então 40 anos na época.

A ele é atribuído o "fordismo", isto é, a produção em grande quantidade de automóveis a baixo custo por meio da utilização do artifício conhecido como "linha de montagem", o qual tinha condições de fabricar um carro a cada 98 minutos, além dos altos salários oferecidos a seus operários – notavelmente o valor de 5 dólares por dia, adotado em 1914.

O intenso empenho de Henry Ford para baixar os custos resultou em muitas inovações técnicas e de negócios, incluindo um sistema de franquias que instalou uma concessionária em cada cidade da América do Norte, e nas maiores cidades em seis continentes. Ford deixou a maior parte de sua grande riqueza para a Fundação Ford, mas providenciou para que sua família pudesse controlar a companhia permanentemente.

ANJEZË GONXHE BOJAXHIU M.C. (Skopje, 26 de agosto de 1910 - Calcutá, 5 de setembro de 1997), conhecida como **MADRE TERESA DE CALCUTÁ** ou Santa Teresa de Calcutá, foi uma religiosa católica de etnia albanesa naturalizada indiana, fundadora da congregação das Missionárias da Caridade, cujo carisma é o serviço aos mais pobres dos pobres por meio da vivência do Evangelho de Jesus Cristo. Em 2015, a congregação fundada por ela contava com mais de 5 mil membros em 139 países. Por seu serviço aos pobres, tornou-se conhecida ainda em vida pelo codinome de "Santa das Sarjetas".

Madre Teresa teve o seu trabalho reconhecido ao longo da vida por instituições dentro e fora da Índia, recebendo o Prêmio Nobel da Paz em 1979. É considerada por alguns como a missionária do século XX.

Foi beatificada em 2003 pelo Papa João Paulo II e canonizada em 2016 pelo Papa Francisco na Praça de São Pedro, no Vaticano.

MARIA DA PENHA (Fortaleza, 1º de fevereiro de 1945) é uma farmacêutica brasileira que lutou para que seu agressor viesse a ser condenado. Maria da Penha tem três filhas e hoje é líder de movimentos de defesa dos direitos das mulheres, vítima emblemática da violência doméstica.

Em 7 de agosto de 2006, foi sancionada a lei que leva seu nome: a Lei Maria da Penha, importante ferramenta legislativa no combate à violência doméstica e familiar contra mulheres no Brasil. É fundadora do Instituto Maria da Penha, uma ONG sem fins lucrativos que luta contra a violência doméstica contra a mulher.

Maria da Penha foi privilegiada com a indicação no programa "Os Cem Maiores Brasileiros de Todos os Tempos", é uma brasileira nascida no Ceará que teve a vida marcada pela violência doméstica, o que a impulsionou na luta contra o feminicídio e violência a contra a mulher.

STEVEN PAUL JOBS (São Francisco, 24 de fevereiro de 1955 - Palo Alto, 5 de outubro de 2011) foi um inventor, empresário e magnata americano no setor da informática. Notabilizou-se como cofundador, presidente e diretor executivo da Apple Inc. e por revolucionar seis indústrias: computadores pessoais, filmes de animação, música, telefones, *tablets* e publicações digitais. Além de sua ligação com a Apple, foi diretor executivo da empresa de animação por computação gráfica Pixar e acionista individual máximo da The Walt Disney Company. Morreu no dia 5 de outubro de 2011, aos 56 anos de idade, devido a um câncer pancreático.

> *"Estou procurando um lugar que necessite de muitas reformas e consertos, mas que tenha fundações sólidas. Estou disposto a demolir paredes, construir pontes e acender fogueiras. Tenho uma grande experiência, um monte de energia, um pouco dessa coisa de 'visão' e não tenho medo de começar do zero."*

No final da década de 1970, Jobs, em parceria com Steve Wozniak e Mike Markkula, entre outros, desenvolveu e comercializou uma das primeiras linhas de computadores pessoais de sucesso, a série Apple II. No começo da década de 1980, ele estava entre os primeiros a perceber o potencial comercial da interface gráfica do usuário guiada pelo Mouse (informática), o que levou à criação do Macintosh.

Após perder uma disputa de poder com a mesa diretora em 1985, Jobs foi demitido da Apple e fundou a NeXT, uma companhia de desenvolvimento de plataformas direcionadas aos mercados de educação superior e administração. A compra da NeXT pela Apple em 1996 levou Jobs de volta à companhia que ele ajudara a fundar, sendo então seu CEO de 1997 a 2011, ano em que anunciou sua renúncia ao cargo, recomendando Tim Cook como sucessor.

WILLIAM HENRY GATES III, BILL GATES (Seattle, 28 de outubro de 1955), mais conhecido como Bill Gates, é um magnata, empresário, diretor executivo, investidor, filantropo e autor americano, que ficou conhecido por fundar, junto com Paul Allen, a Microsoft, a maior e mais conhecida empresa de *software* do mundo em termos de valor de mercado.

Gates ocupa atualmente o cargo de presidente não-executivo da Microsoft, além de ser classificado regularmente como a pessoa mais rica do mundo, posição ocupada por ele de 1995 a 2007, 2009, e de 2014 a 2017. É um dos pioneiros na revolução do computador pessoal.

MARK ELLIOT ZUCKERBERG (White Plains, 14 de maio de 1984) é um programador e empresário norte-americano, que ficou conhecido internacionalmente por ser um dos fundadores do Facebook, a rede social mais acessada do mundo. Em março de 2011, a revista Forbes colocou Zuckerberg na 36ª posição da lista das pessoas mais ricas do mundo, com uma fortuna estimada em 17,5 bilhões de dólares. Em junho de 2015, sua fortuna já estava avaliada em 38,4 bilhões de dólares, em 2016 seu patrimônio líquido foi estimado em 51,8 bilhões de dólares.

Junto aos seus colegas da faculdade da Universidade de Harvard, os estudantes Eduardo Saverin, Andrew McCollum, Dustin Moskovitz e

Chris Hughes, lançou o Facebook em 2004. O Facebook expandiu-se rapidamente, com um bilhão de usuários até 2012. Zuckerberg foi envolvido em várias disputas legais que foram iniciadas por outros no grupo, que reivindicaram uma participação da empresa com base em suas participações durante a fase de desenvolvimento do Facebook.

Desde 2010, a revista Time nomeou Zuckerberg entre as 100 pessoas mais ricas e influentes do mundo e também foi nomeado pela revista como a Pessoa do Ano. Em dezembro de 2016, Zuckerberg ficou em 10º lugar na lista da Forbes das pessoas mais poderosas do mundo.

(A fonte das biografias anteriormente citadas é a Wikipédia.)

Você deve estar se perguntando se este é um livro sobre como ter sucesso e prosperidade na nova economia, o que as biografias desses personagens estão fazendo aqui na abertura deste capítulo. A razão é simples. Eles foram pessoas de resultados e modificaram o mundo para sempre.

Colombo descobriu as Américas; Gandhi levou uma mensagem de paz ao mundo inteiro e de não violência; Martin Luther King lutou contra o racismo e pela igualdade dos direitos para todas as pessoas; Mandela acabou com o *apartheid* na África do Sul e influenciou o fim das diferenças raciais; Edison desenvolveu a lâmpada elétrica incandescente, o fonógrafo, o cinescópio, o ditafone e o microfone de grânulos de carvão para o telefone, é um dos precursores da revolução tecnológica do século XX e teve também um papel determinante na indústria do cinema; Ford criou a linha de produção e o carro como o conhecemos hoje; Jobs mudou o mundo com o lançamento do iPhone e revolucionou seis indústrias: computadores pessoais, filmes de animação, música, telefones, *tablets* e publicações digitais; Madre Teresa de Calcutá, pelo serviço aos mais pobres dos pobres; Maria da Penha impulsionou na luta contra o feminicídio e violência contra a mulher; Gates, por ter a visão de que cada pessoa no mundo deveria ter seu computador; Zuckerberg criou as redes sociais. Poderíamos listar aqui inúmeras pessoas de resultados, mas esse não é o nosso objetivo.

Somente os listamos aqui para mostrarmos que pessoas comuns com forte senso de propósito podem dar uma contribuição para as pessoas, organizações, sociedade, enfim, para o mundo.

O QUE A PESSOA DE RESULTADOS SIGNIFICA PARA VOCÊ? QUE PALAVRAS VOCÊ ASSOCIA IMEDIATAMENTE À PESSOA DE RESULTADOS?

E O QUE É SER UMA PESSOA DE RESULTADOS?

É quando uma pessoa deixa uma marca, uma impressão ou efeito muito profundo na vida de outras pessoas ou num ambiente, espaço, cidade etc., é comum dizer que aquela pessoa deixou um forte impacto.

A CEO do World Future Society dá sua percepção sobre o assunto:

> *"O trabalho não é apenas sobre renda ou sucesso: é sobre a energia que colocamos no mundo, **o impacto** que temos sobre os outros e o significado que damos para nossas vidas... Quando os velhos conhecimentos ou habilidades não são suficientes, temos que continuar aprendendo para que possamos nos tornar não apenas trabalhadores melhores e mais úteis, mas humanos melhores. Fazemos a escolha de sermos 'jovens' ou 'velhos': podemos envelhecer cronologicamente, mas as nossas mentes devem manter-se ágeis, ou ficaremos para trás. Se pudermos adotar a agilidade, empatia e curiosidade necessárias para este novo mundo, não há limite para o que podemos alcançar".*

SERÁ QUE VOCÊ PODE SER UMA PESSOA DE RESULTADOS?

A professora Liz Wiseman, no seu livro *Players de impacto*, afirma: "Todos conhecem os *players* de impacto – aqueles colegas indispensáveis com quem podemos contar em situações críticas e que constantemente recebem novas oportunidades e tarefas de alta prioridade".

Utilizando-se da sabedoria dos líderes das empresas mais bem-sucedidas do mercado e de um estudo com 170 colaboradores, Liz Wiseman, pesquisadora, autora *best-seller* e mulher empreendedora, propõe práticas que vão ajudar qualquer profissional a dar tudo de si, e mostra aos líderes como despertar mais *players* de impacto na sua equipe. E nós as utilizaremos aqui para explicar em detalhes o que você poderá fazer para ser uma PESSOA DE RESULTADOS.

Segundo Wiseman, existem três tipos de pessoas:

- **Os de Alto Impacto** – que são aqueles que realizam trabalhos de valor e impacto;
- **Comuns** – pessoas talentosas que realizam trabalhos sólidos, mas não brilhantes;
- **Subcontribuidores** – talentosos e inteligentes, mas atuando abaixo da sua competência.

A pessoa de alto impacto é aquela que chama a responsabilidade na hora H, é aquela em quem dá para confiar, e não apenas entrega, mas cria ondas de choque positivo.

E a grande pergunta que fica no ar é: "Por que algumas pessoas realizam plenamente seu potencial e outras não?" O que fazem? Como pensam?

O primeiro passo é: precisamos compreender a mentalidade e comportamentos das pessoas de alto impacto. Existem algumas diferenças-chaves entre as pessoas de alto impacto e as pessoas comuns. Vejamos cada uma delas.

1. **Usam a Lente da Oportunidade** – aproveitam situações fora de controle como oportunidades de agregar valor. Sabe aqueles momentos que as coisas ficam difíceis e a maioria das pessoas começa a ver mais ameaças na situação do que oportunidades? Pois é, nesses momentos as pessoas de alto impacto não veem o copo meio vazio, elas sempre veem o copo meio cheio. Em todas as situações, sempre podemos enxergar oportunidades.

Mesmo em crises, podemos aproveitar como uma oportunidade para aperfeiçoamento.

2. **Reagem diferente diante da incerteza** – sabemos que o mundo atual possui alto grau de incerteza, é uma das suas características. As pessoas de alto impacto entendem, aceitam e reagem de forma diferente das incertezas. Elas analisam o contexto, interpretam sinais e agem para aproveitar ao máximo o que há por vir.

3. **Fazem o trabalho que é necessário** – não se limitam ao seu cargo. Pessoas de alto impacto não restringem sua atuação aos seus papéis e responsabilidades, vão além. Sabe aquela famosa frase: "Este não é meu trabalho", não faz parte do vocabulário das pessoas de alto impacto. Elas sempre buscam fazer mais. Sempre conseguem contribuir mais do que é de sua responsabilidade.

4. **Dão um passo à frente** – se apresentam e lideram. Em filmes de guerra, esta cena é clássica, o comandante explica uma missão difícil e perigosa de ser cumprida e depois pede que os voluntários deem um passo à frente. Pessoas de alto impacto sempre dão um passo à frente. Estão sempre dispostas a contribuir e liderar projetos desafiadores, tarefas difíceis, missões impossíveis.

5. **Aceleram na reta final** – obcecadas pela missão cumprida (trabalho árduo). As pessoas de alto impacto têm "acabativa". Elas adoram ver trabalhos realizados, resultados sendo gerados. Nas etapas finais do trabalho, enquanto as pessoas comuns demonstram cansaço, elas aceleram, percorrem o quilômetro extra. Aproveitam a oportunidade para bater seus recordes.

6. **Perguntam e corrigem** – aprendem a se adaptar. Elas demonstram suas vulnerabilidades. Elas sabem que não possuem todas as respostas, por isso estão sempre perguntando o que não sabem. São curiosas, querem conhecer sempre mais. Pedem *feedback* e corrigem os pontos de melhoria, sabem que a excelência é um objetivo a ser atingido. A proatividade para melhorar o que se está fazendo através de uma fórmula de ensaio e erro: "Fazem, consertam e tentam fazer melhor".

7. **Tornam o trabalho leve** – oferecem ajuda. Quantas vezes você já deve ter passado por esta situação. Um colega de trabalho tem um desafio a ser superado, um trabalho a ser entregue, um problema a ser resolvido, e ninguém da equipe se dispõe a ajudar. Alguns ficam estáticos, outros riem da "desgraça alheia", poucos oferecem ajuda. As pessoas de alto impacto fazem diferente. Elas sempre estão dispostas a aliviar a carga dos membros do seu time. Elas ajudam a tornar o trabalho mais leve. Importam-se verdadeiramente com os outros.

8. **Exploram as regras não escritas** – elas não esperam que todas as atitudes e comportamentos que diferenciam as pessoas de alto impacto estejam escritas. Elas não esperam por isso. Veem nas entrelinhas oportunidades de se destacar e contribuir.

Com certeza, você conhece alguém que possui a maioria desses comportamentos. Mas o que é importante é:

VOCÊ AGE DESSA MANEIRA?

Você pode estar agora com algumas dúvidas que as pessoas têm quando falamos do assunto.

- Quantas dessas práticas preciso incorporar?
- Nascemos ou desenvolvemos estas práticas?
- Isso me leva a ser *workaholic*?
- E se não for valorizado na minha empresa?

Vamos lá!

Com relação à primeira dúvida, "Quantas dessas práticas preciso incorporar?". A excelência pessoal é um objetivo que devemos ter nas nossas vidas, mas não devemos acreditar na excelência, pois, como diz Tom Peters: "Pessoas excelentes não acreditam em excelência". Ela é uma busca contínua. Assim é com o comportamento das pessoas de resultados. Devemos buscar praticar diariamente esses comportamentos, mas sabemos que devemos começar por um ou dois para ir incorporando-os nas nossas rotinas. Qual desses comportamentos gerará mais impacto e resultados se você passar a adotá-lo no seu dia a dia?

"Nascemos ou desenvolvemos essas práticas?" Os dois. Pode ser da nossa natureza já ter alguns desses comportamentos, mas outros podem ser adquiridos se praticados. O importante é você fazer uma análise de quais você já possui e quais são os prioritários que elevarão o seu nível de desempenho e deverão torná-lo uma pessoa de resultados.

Já em relação à dúvida "Isso me leva a ser um *workaholic*?", a resposta é NÃO! Trabalhar de forma mais inteligente não significa trabalhar mais. Essas práticas farão você ter mais resultados e não mais trabalho.

"E se não for valorizado na minha empresa?". Não tem problema. E isso pode acontecer. Mas é como sempre digo, se a sua empresa não valoriza, o mercado valoriza. É como um jogador de futebol que joga em um pequeno time, talvez ali ele não seja valorizado, mas o mercado está vendo e, com certeza, surgirão oportunidades para ele.

COMO CAUSAR IMPACTO

Segundo a professora Wiseman, as pessoas de alto impacto reagem de maneira diferente a forças e frustrações constantes do mundo do trabalho. A tabela a seguir mostra os desafios do cotidiano.

1. Problemas complicados	Questões complexas e interdisciplinares que não se encaixam nas fronteiras de responsabilidades predefinidas.
2. Confusão de papéis	Falta de clareza sobre quem está no comando.
3. Obstáculos imprevistos	Problemas inéditos e impossíveis de antecipar.
4. Alvos móveis	Necessidades que mudam ou circunstâncias que tornam as práticas em uso ineficientes ou inapropriadas.
5. Demandas incessantes	Exigências do trabalho que aumentam mais rapidamente que a capacidade de os atender.

Fonte: Adaptado de Players de Impacto, de Liz Wiseman.

E ela chega às seguintes conclusões:

> *"Diante desses desafios, a conclusão da nossa pesquisadora é que as pessoas de alto impacto usam sempre a lente da oportunidade. Enxergam desafios como esses de maneira diferente dos demais. Enquanto os outros enxergam esses desafios como ameaças, eles enxergam como oportunidades para agregar valor. As pessoas de alto impacto exploram as regras não escritas. Compreendem os padrões de comportamento que devem ser adotados numa função ou numa organização específica, e se adaptam para obter o máximo."*
>
> *"Tendem a receber responsabilidades cada vez maiores e recursos adicionais. Vieses do sistema podem levar a grupos de talentos invisibilizados, que passam despercebidos ou recebem níveis inferiores de investimento e reinvestimento."*

Eles reagem de forma diferente à incerteza. Eles reagem diferentemente das pessoas comuns das seguintes maneiras.

CONTRIBUIDORES	PESSOAS DE ALTO IMPACTO
Fazem seu trabalho	Fazem o trabalho que é necessário
Aguardam instruções	Dão um passo à frente, e depois um passo atrás
Levam problemas hierarquia acima	Aceleram na reta final
Apegam-se àquilo que conhecem	Perguntam e corrigem
Aumentam a sobrecarga	Tornam o trabalho mais leve

Fonte: Adaptado de Players de Impacto, Liz Wiseman.

Uma das maneiras de causar maior impacto é ganhar mais credibilidade. Mas antes de você buscar executar as ações que geram maior credibilidade, precisa eliminar os destruidores de credibilidade, ou seja, também podemos chamar de receitas para perder espaço organizacional e eliminar suas chances de ser uma pessoa que contribui decisivamente para gerar resultados.

Destruidores de credibilidade:

- Levar ao chefe problemas sem solução.
- Esperar o chefe dizer o que tem que ser feito.
- Fazer o chefe ir atrás de você para lembrar o que tem que ser feito.
- Não enxergar o contexto geral, fazer só a sua parte.
- Perguntar ao chefe sobre a próxima promoção ou aumento.
- Enviar e-mails longos e verborrágicos.
- Falar mal dos colegas, criar drama e insuflar conflitos.
- Surpreender o chefe... com más notícias... na última hora... quando não dá para fazer mais nada.
- Pedir para rever decisões já tomadas.
- Esconder fatos inconvenientes e o outro lado de uma história.
- Pôr nos outros a culpa pelos próprios erros.
- Concordar na frente do chefe, mas discordar pelas suas costas.
- Dizer ao chefe que uma coisa não é função sua.
- Ouvir o *feedback* do chefe, e depois ignorá-lo.
- Chegar atrasado a reuniões, fazer outra coisa durante elas, interromper os outros.

(Fonte: Adaptado de *Players de impacto,* de Liz Wiseman.)

E, por outro lado, os geradores de credibilidade, para ganhar confiança:

- Fazer as coisas sem que lhe peçam.
- Antecipar-se aos problemas e ter um plano para resolvê-los.
- Ajudar os companheiros de equipe.
- Fazer um algo a mais.
- Mostrar curiosidade e fazer as perguntas certas.
- Pedir *feedback*.

- Reconhecer seus erros e corrigi-los rapidamente.
- Trazer energia positiva, divertir-se, fazer rir.
- Descobrir por conta própria o que fazer.
- Terminar o trabalho sem que precisem lembrar.
- Cooperar com o chefe.
- Dispor-se a mudar e a correr riscos inteligentes.
- Ir direto ao assunto e ser franco.
- Fazer o dever de casa e chegar preparado.
- Deixar o chefe e a equipe bem na foto.

(Fonte: Adaptado de *Players de impacto,* de Liz Wiseman.)

A QUALIDADE PESSOAL PODE DETERMINAR O FUTURO DE UMA EMPRESA?

O que você acha? Pesquisas realizadas nos últimos anos mostram que menos de 25% dos funcionários responderam sim à pergunta: "Você sempre faz o melhor possível?" Metade disse que não dedicava ao trabalho mais esforço que aquele necessário para manter seu emprego. Vejam só que dados alarmantes! A maiorias das pessoas ou são contribuidores comuns ou subcontribuidores. Por outro lado, veja que grande oportunidade você tem pela frente para se destacar da multidão.

No livro O GÊNIO SEM LAMPADA, nós já destacávamos a importância de termos pessoas diferenciadas.

A QUALIDADE DE UM COLABORADOR PODE DEFINIR O FUTURO DE UMA ORGANIZAÇÃO?

O que você acha? Sabemos que os negócios são um jogo de equipe, tal como o futebol, basquete, vôlei.

Uma empresa não é um jogo individual como o tênis, tiro ao alvo, ou outro esporte. Mas sendo um jogo coletivo, o desempenho de um membro pode definir o futuro brilhante ou fracassado de um negócio?

Claro que sim. A empresa necessita que todos façam o seu melhor.

Atender um cliente, criar um novo produto ou serviço, fazer uma entrega, enfim, todas as operações de uma organização são decisivas e são realizadas por pessoas.

Você pode aumentar os seus resultados!

Aumentar o impacto que você causa está nas suas mãos! Pois todos nós temos dois níveis de desempenho, que podem ser alterados de acordo com a nossa vontade e comportamentos.

DOIS NÍVEIS PARA BUSCAR SER UMA PESSOA DE ALTO IMPACTO

O SEU NÍVEL AD - ATUAL DE DESEMPENHO

O primeiro é o seu nível AD, o seu patamar atual de desempenho. Ele se refere a todas as suas ações, comportamentos, resultados e impactos que você gera hoje.

O nível de desempenho pessoal é a base de todos os outros tipos de desempenho, são os altos níveis de desempenho pessoal que contribuem para os altos níveis de desempenho nas várias áreas que, por sua vez, criam o desempenho empresarial superior. O efeito desse desempenho é comparável ao efeito dominó, pois desencadeia uma melhora no desempenho em todas as áreas, que depois pode se cristalizar, formando uma cultura na empresa. O sucesso de uma organização depende, fundamentalmente, do nível de desempenho dos seus produtos e serviços no sentido de satisfazer à exigência dos seus clientes. E isso só será possível a partir de um bom nível de desempenho das pessoas responsáveis por esses produtos e serviços, pois envolve, ainda, a satisfação das exigências e expectativas técnicas e humanas da pessoa que presta o serviço e das outras com quem se relaciona.

Desempenho pessoal significa realizar o trabalho da melhor forma possível todos os dias. A qualidade do desempenho é orientada por padrões que possui o indivíduo, e essa, por sua vez, está relacionada diretamente a sua autoestima. Entre os padrões, há o nível de desempenho presente, ou atual, e o nível ideal de desempenho, que é aquele que espera alcançar em termos de expectativas e exigências pessoais. A distância entre esses níveis revela, de certo modo, o potencial de desenvolvimento que deve constituir um desafio a ser enfrentado, com amplas possibilidades de sucesso.

Diminuir essa distância, isto é, desenvolver um alto nível de desempenho pessoal, fará com que você se sinta satisfeito com seu desempenho, elevando, assim, a sua autoestima. O desempenho está também ligado ao reconhecimento recebido de você mesmo e dos outros com quem você se relaciona.

Como melhorar seu nível AD (atual desempenho):

- Fixe metas de qualidade pessoal;
- Estabeleça sua própria contagem de qualidade pessoal;
- Verifique o quanto os outros estão satisfeitos com os seus esforços;
- Evite erros;
- Execute as tarefas de forma mais eficaz;
- Seja comprometido;
- Tenha "acabativa";
- Seja ético;
- Exija qualidade;
- Satisfaça seus colegas de trabalho.

Você terá seu nível ID (ideal desempenho) quando sentir que:

- Não pode fazer melhor;
- Está orgulhoso de seu desempenho;
- Assina alegremente seu nome no seu trabalho.

Finalizando este capítulo, queremos compartilhar com você duas outras práticas que têm sido muito úteis para nós. A primeira é que acreditamos que existem dois tipos de pessoas: "As pessoas que fazem" e as pessoas do tipo: "As pessoas que fazem e verificam". Isso faz uma grande diferença no nosso desempenho que, por consequência, promove maior impacto. A prática é: sempre que fizer um trabalho, dá uma verificada se ele está correto, se pode ser melhorado, ou até mesmo se deve ser modificado. Acredite, isso faz uma grande diferença!

A outra prática é: sempre que alguém for entregar um trabalho, pergunte: "VOCÊ FEZ O SEU MELHOR? Se não for o seu melhor, não me entregue". Isso fará com que todos reflitam antes de entregar-lhe uma tarefa, e você sabe que sempre precisaremos da nossa equipe fazendo o melhor para que a gente possa ser uma pessoa que gera resultados.

A seguir, veremos pontos muito importantes que irão facilitar que você atinja o seu objetivo de ter sucesso e prosperidade na nova economia.

Iremos explorar o Método SPA/CFE (Sentir, Pensar, Agir e Clareza, Foco, Execução), analisando quais são os CONHECIMENTOS, HABILIDADES E PRÁTICAS PARA VOCÊ GERAR RESULTADOS. Tópicos tais como aprendizagem, como construir o futuro, o que é aprendizagem ágil, a importância do pensamento crítico, a habilidade de solucionar problemas, os hábitos atômicos, o que a curiosidade contribui, como ser disruptivo, a importância de construirmos uma marca e como os relacionamentos são decisivos na sua vida.

Acesse sua Jornada de Desenvolvimento sobre: O QUE É UMA PESSOA DE RESULTADO?

CAPÍTULO 4

O MÉTODO SPA/CFE PARA TER SUCESSO E PROSPERIDADE NA NOVA ECONOMIA

Não sei se você é igual a nós, mas umas das coisas que aprendemos é que: realizar algo na vida, gerar resultados ou conquistar vitórias fica muito mais fácil se tivermos um método. Significa ter um modo, um caminho, uma forma de fazer alguma coisa. Como consultores empresariais, sempre desde o início das nossas carreiras implantando programas de qualidade total nas empresas brasileiras, buscamos aprender com metodologias de outras grandes consultorias, consultores e gurus. Isso foi fundamental para ter tido sucesso nas nossas carreiras.

Assim sendo, desenvolvemos o Método SPA/CFE para facilitar que você tenha resultados, sucesso e prosperidade na Nova Economia. Vale ressaltar que o método por si só não faz milagres. Ele precisa ser seguido e implementado por você. Não aplicar o método é semelhante a ir ao médico quando se está doente, ele prescrever uma receita, comprarmos o remédio e não o tomarmos. Para que o Método SPA/CFE gere os resultados pretendidos é necessário que você o aplique no seu dia a dia.

O Método SPA/CFE é composto de dois grandes *flywheels*. Mas o que é um *flywheel*? O conceito do *flywheel* foi denominado por Jim Collins em seu livro *Empresas feitas para vencer*. Um volante (*flywheeel*) é um disco de metal maciço, ou roda, que frequentemente pesa mais de 2.000 quilos. É preciso muito esforço para começar, mas, quando começa a girar, há contrapesos ao redor da roda que começam a surtir efeito e começam a ganhar impulso quase por si só. A partir desse ponto, o mesmo esforço pode ser colocado no *flywheel* e ele começará a girar cada vez mais rápido. As pessoas podem colocar um grande esforço em suas vidas sem muito efeito perceptível até que um dia o volante comece a girar. Isso é chamado de momento decisivo e, quando o volante estiver em movimento, começará a girar cada vez mais rápido, com retornos crescentes para a sua carreira e vida. O termo *flywheel* significa "volante de rotação". Aplicado à nossa vida, ele quer dizer que toda pessoa deve fazer um esforço inicial para possibilitar o seu giro. Depois disso, todo o processo para manter o ciclo do sucesso ativo e ganhando força é muito mais fácil.

COMO FAZER O FLYWHEEL GIRAR?

A pergunta de um milhão ou bilhão de dólares é como você faz o volante girar. O mais importante é identificar quais são seus contrapesos. O que há nos dois lados do volante, que se alimentam um do outro, fazendo o volante girar.

No caso de Jim Collins, ele sugere três áreas para se concentrar de forma consistente para que o volante comece a girar: 1. Pessoas disciplinadas, 2. Pensamento disciplinado e 3. Ação disciplinada.

No nosso Método SPA/CFE, o primeiro dos *flywheels* é composto do Sentir, Pensar e Agir, e o segundo, da Clareza, Foco e Execução. Entre os dois *flywheels*, estão os Alavancadores, a Antecipação, a Adaptação e Aprendizagem, que ajudarão a girar os *flywheels*.

COMO PARAR O MOTOR DO FLYWHEEL?

A melhor maneira de parar o momento de um *flywheel* é mudar de direção. Um motor de *flywheel* pode mudar de direção um pouco, mas para seguir em uma direção completamente nova, o momento do *flywheel* do motor precisa desacelerar ou parar completamente.

Você já deve ter ouvido falar ou conhece uma pessoa que muda sua visão de futuro e estratégia regularmente, tem um foco diferente a cada ano, muda de profissão constantemente etc. Estas atitudes fazem o motor do *flywheel* parar.

Vamos agora conhecer em detalhes os componentes de cada *flywheel* e seus alavancadores.

O primeiro é composto do Sentir, Pensar e Agir. Vamos analisar inicialmente cada um dos componentes isoladamente e depois ver como eles interagem para promover o sucesso e prosperidade. Esses três lados formam o triangulo mágico da criação, que envolve sempre sentimento, ideia e ação. Existe uma estreita correlação entre eles, de tal forma que quando um deles é acionado, desencadeia reação nos demais. O sentimento gera o pensamento, que provoca ação, a ação provoca sentimento e reflexão e assim sucessivamente.

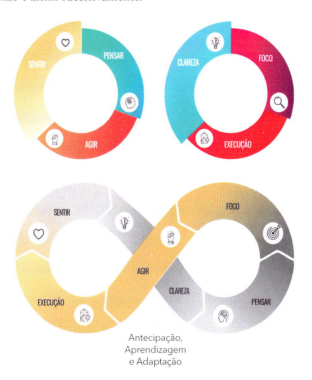

A NOVA GESTÃO E AS PESSOAS

Diante do exposto sobre *A Nova Gestão - volume 1*, percebemos que é imprescindível uma nova conexão do indivíduo consigo mesmo, para em seguida melhorar a sua conexão com outros e consequentemente usufruir do máximo de potencial do *framework* da nova gestão (vide imagem a seguir), afinal, como diz o provérbio africano: "Se você quer ir rápido, vá sozinho. Se quiser ir longe, vá acompanhado".

A Nova Gestão veio para suprir um *gap* gerado pela Nova Economia, que é pautada por um mundo de transformações rápidas e impactantes com o uso da tecnologia, de *startups* destronando grandes conglomerados, de equipes autogerenciadas com um modelo de gestão ágil, métricas que nem sempre garantem um retorno sobre o investimento, além de clientes ávidos por novidades em um clique, donos de uma verdade e razão absoluta do que desejam consumir. Esse mundo, denominado Nova Economia, precisava de um *framework* para tangibilizar o *start* de um modelo de gestão, mas o *framework* só funciona se houver conexão entre as suas partes, que podem ser áreas, setores de trabalhos, que são feitos por pessoas. Sem as pessoas não existe economia, não existe gestão. Não existe o progresso. O progresso inicia na incerteza do indivíduo sobre o desconhecido.

Gostaríamos também de deixar claro que não temos a empáfia de afirmar que esse *framework* é conclusivo, pelo contrário, acreditamos no encaixe de outras partes ou remodelagem e substituição das que existem. Inclusive a partir da sua leitura queremos convidar você nessa construção e proposição de contínua evolução.

O que vemos ainda em muitas organizações são pessoas que não se conectam com pessoas, mas com processos, normas e regras, que derivam de projetos e planos, interessados em números, mas não em que produzem os números. Acreditamos que uma parte da liderança despertou e entendeu que essa fórmula não funciona mais, e outros, infelizmente, ainda insistem, por isso estão falhando ou quebrando suas organizações.

É preciso equilibrar o foco nos resultados, números, e o foco nas pessoas, que com certeza é um dos maiores, se não o maior ativo da nova economia. Compreender que não podemos mais conceber a forma como nos autolideramos e autogerimos, bem como a outras pessoas, é imperativo.

CAPÍTULO 5

SENTIR
PENSAR
AGIR

O FLYWHEEL

Diante do exposto, para fazer o *framework* da Nova Gestão ter a efetividade a que se propõe, nossa proposição é a tríade, Sentir, Pensar e Agir - SPA. Acreditamos que a prática desses três pilares irá ajudar você a melhorar a sua autoliderança e autogestão e consequentemente a liderança, gestão de pessoas e resultados.

Compreenda a autoliderança como seu autoconhecimento. É saber quem você é. Do que é feito. Ter a consciência sobre você e a vida que vive. Os pilares sentir e pensar traduzem a autoliderança. A autogestão é o poder de gerir os meios para conquistar os resultados que proporcionam crescimento para sua vida e de outros. O pilar agir traduz a autogestão.

TRÍADE - PILARES: SENTIR + PENSAR + AGIR (SPA)

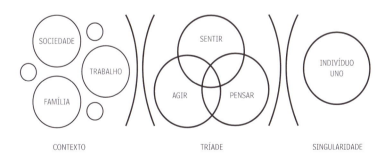

O CONTEXTO é nossa vida, família, amigos, trabalho, sociedade, o nosso dia a dia com variáveis que são controláveis e incontroláveis.

O SENTIR é a capacidade de compreender nossas necessidades, sentimentos e emoções. O que nos faz falta e irá complementar. É entender os ambientes, situações e pessoas que podem suprir nossas necessidades. Necessidades baseadas em sentimentos, oriundo de emoções a serem vividas, externadas. É saber o momento de estar próximo a tudo isso quando fizer sentido ou distante quando não fizer sentido. É sentir o momento de se conectar ao outro ou apenas a si próprio, pois é o suficiente por ora.

O PENSAR é a capacidade de compreender a origem e impacto das nossas crenças na construção dos nossos valores que são responsáveis por nossas decisões em qualquer âmbito da vida. É a habilidade de gerir nossa inteligência emocional e racional em equilíbrio, sabendo o momento de parar, avançar, retroceder ou mudar nossas ações e planos. Rever nossos modelos mentais e paradigmas. É ter um propósito, a clareza da imagem que se quer deixar quando em contato com outras pessoas, do que deseja construir, entregar e impactar como legado.

O AGIR é basear e fazer o uso do tempo, comportamentos, relacionamentos e decisões no sentir e pensar. É priorizar o tempo no que realmente gera valor para si próprio e ao outro. Gerar valor é tudo que proporciona aprendizado, resultado e crescimento. É se comportar, relacionar e decidir de acordo com as nossas crenças, valores, inteligências e propósito, impactando positivamente as pessoas e o ambiente, mesmo que isso gere um desconforto em nós e nos outros inicialmente ou durante algum tempo, mas é necessário para nossa evolução. O agir é a prática do sentir e pensar.

E O QUE É PROTAGONISMO?

Essa tríade ajudará você a não procrastinar e ter mais *accountability*, que é a competência de ver, assumir e resolver os problemas, prestando contas a quem precisar. É ficar acima da linha e não abaixo da linha, como demonstrado no infográfico a seguir da obra de Craig Hickman, Roger Connors, Tom Smith - *O princípio de OZ*: como usar o *accountability* pra atingir resultados excepcionais.

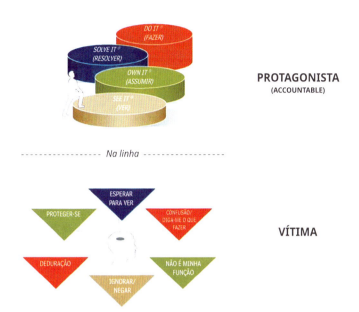

Fonte: O PRINCÍPIO DE OZ: COMO USAR O ACCOUNTABILITY PARA ATINGIR RESULTADOS EXCEPCIONAIS. Craig Hickman, Roger Connors, Tom Smith.

Os autores retratam que existem dois tipos de pessoas. As que ficam abaixo da linha e as que ficam acima da linha. Como você pode ver, o que irá nos levar a conquistar o que queremos e estar acima da média em resultados a outras pessoas é a nossa competência em nos manter acima da linha, entendendo que todos nós em algum momento de nossas vidas vamos descer abaixo da linha. A questão é quanto tempo ficamos abaixo da linha. O importante é ressignificar, aprender e emergir acima da linha e seguir adiante.

A IMPORTÂNCIA DA SINGULARIDADE

O sentir, pensar e agir visam também ajudar você a compreender a sua singularidade, que é a descoberta do que somos feitos, quais nossos traços de personalidade, caráter, comportamentos e habilidades inatos, ou seja, o que nos distingue na "multidão". Em suma, são nossos diferenciais que nos tornam únicos e geralmente responsáveis por nossas conquistas e fracassos, felicidade e tristeza.

Perceba que temos recomendações no decorrer dos capítulos de atividades a serem realizadas no *workbook*, Jornada do Desenvolvimento. Essas atividades, quando realizadas, lhe apresentam em algum momento características da sua singularidade. Para conseguir visualizá-las, basta não fazer no "automático" a atividade. Você deve refletir bem antes de responder. Encontre significado nas respostas e, assim, siga adiante em cada questão. Encare esse momento como retratado no provérbio chinês: "Se quiser derrubar uma árvore na metade do tempo, passe o dobro do tempo amolando o machado". Sua singularidade é um "machado" que precisa ser amolado com o tempo, afinal não existe apenas singularidade positiva, mas negativa também. As oportunidades que você agarra ou perde pode ser em função da sua singularidade positiva ou negativa.

O fato é que, no avançar da sua leitura, seu discernimento em relação ao que deve continuar, iniciar e parar de fazer para ser um melhor profissional (e até ser humano) vai aumentando ao ponto de você identificar com clareza a singularidade ideal ao momento presente e, de tempos em tempos, ajustá-la. Às vezes, será necessário buscar ajuda de um profissional para mudar algo mais difícil em nós, como, por exemplo, crenças e valores potencialmente limitantes, que explicamos mais adiante no PENSAR.

Essa singularidade aperfeiçoada, ajustada à nova economia, também irá fazer diferença no manuseio do *framework* da Nova Gestão.

A descoberta da nossa singularidade é fundamental para idealizar, executar e alcançar nossos objetivos, pois temos a clareza dos nossos diferenciais de competências e incompetências que podem nos ajudar ou impedir em nossas conquistas.

SENTIR

O ponto de partida desse pilar é reconhecer que as pessoas, principalmente a liderança, algumas mais e outras menos, estão vivendo no "automático", ou seja, sempre em busca da linha de chegada, no algo a mais a ser conquistado. Essas pessoas estão adoecendo e adoecendo seus times, suas organizações. Acreditam que "o que trouxe suas organizações até aqui irá garantir o próximo degrau do sucesso". Que diagnósticos, planos de ação, treinamentos e projetos são suficientes para gerarem mais e melhores resultados. Isso é uma miopia no mundo da liderança e gestão sem tamanho e de uma irracionalidade brutal. Apenas isso nos dias de hoje é insuficiente e, em alguns casos, desnecessário. Precisamos compreender que a construção do sucesso e felicidade está na jornada de seguir no dia a dia ao lado dos outros no SENTIR, PENSAR E AGIR.

Vejamos em um caso de Harvard a importância dos relacionamentos, que podem ser tóxicos ou benéficos de acordo com as emoções e sentimentos dos envolvidos.

CASO HARVARD

Essa pesquisa é um caso, devido a sua inovação para época, ou seja, uma pesquisa sobre "felicidade", bem como pelo seu tempo de duração, que foram 80 anos, e grau de relevância até hoje pelos resultados apresentados, que influenciam novas pesquisas nesse âmbito.

Não temos conhecimento de outro estudo mais longo e tão profundo quanto este.

Vamos apresentar uma visão geral da pesquisa e suas descobertas sobre felicidade.

Robert Waldinger é o diretor do Estudo sobre Desenvolvimento Adulto de Harvard. Este é um dos estudos mais profundos sobre vida adulta já realizado. O início da pesquisa foi em 1938 e monitorou a vida de 724 homens no período de 76 anos, realizando questionários a cada dois anos sobre suas vidas. Os questionários incluíam a qualidade nas atividades sociais, relação matrimonial e satisfação no trabalho. Um dado curioso é que a cada cinco anos a saúde física era monitorada.

O resultado da pesquisa apresenta que os relacionamentos nos mantêm felizes e saudáveis. As pessoas que possuíam o sentimento de estarem mais próximas da família, amigos ou comunidade demonstravam maior índice de felicidade do que as mais solitárias, e o grande diferencial para a felicidade era a qualidade desses relacionamentos. Em contrapartida, o estudo informa que pessoas com relacionamentos conflituosos tendem a ser mais infelizes do que pessoas solteiras.

Perfil dos participantes da pesquisa:

- 268 alunos de Harvard – Estudo Grant – Condução do Psiquiatra de Harvard, George Vaillant;
- 452 meninos entre 12 a 16 anos que cresceram na cidade de Boston – Estudo Glueck – Condução do Professor da Faculdade de Direito de Harvard, Sheldon Glueck.

Durante o período da pesquisa, os pesquisadores registravam informações sobre a vida dos participantes, como trabalhavam, viviam em família, estados de saúde etc. Tudo isso sem nenhuma interferência em suas trajetórias de vida. Os pesquisadores não sabiam se as pessoas estavam indo bem ou mal em suas vidas.

Os 3 grandes aprendizados com a pesquisa:

1. Relacionamentos próximos.

Estarmos mais próximos da família, amigos e comunidade no faz sentir mais felizes e saudáveis, além de gerar maior longevidade. Em contrapartida, ser sozinho, sem proximidade social, nos remete a se sentir menos felizes, abalando a nossa saúde mental e física.

2. O importante é a qualidade (e não quantidade) dos relacionamentos.

Quando temos relacionamentos conjugais e amizades com menos brigas e mais afeição, nos sentimos mais felizes. A importância não é apenas estar em um relacionamento, mas a qualidade desse relacionamento. Aqui vale o ditado: "Antes só do que mal acompanhado". Nesse caso, estar sozinho(a) sem um parceiro é melhor.

3. Casamentos estáveis e de apoio mútuo.

A qualidade do nosso *networking*, das redes sociais as quais fazemos parte no trabalho, família e sociedade, bem como da relação conjugal, é tão boa para a saúde física quanto para retardar, evitar a nossa degeneração mental. Relacionamentos com fortes vínculos emocionais positivos são essenciais para nossa saúde.

O que a pesquisa de Havard tem a ver com esta obra e a nova economia? Tudo. A pesquisa gera a clareza para que todos nós nos sintamos responsáveis por promover e ter relacionamentos de qualidade.

Sabemos o quanto a sociedade valoriza o *status* social, o profissional bem-sucedido, o dinheiro, como culto à felicidade, mas o *estudo na Universidade de Harvard evidenciou que as pessoas que estão felizes são as que se sustentam, apoiam em relacionamentos. Independentemente de ser com a* **família***, os* **amigos** *ou a* **comunidade**. Praticar o amor, amizade, harmonia, confiança, solidariedade e servir entre as pessoas gera felicidade.

Devemos compreender pelo estudo que o segredo da felicidade é construir e manter bons relacionamentos interpessoais. Ter pessoas com sentimentos e emoções positivas no ambiente de trabalho facilita a clareza das pessoas sobre suas reais necessidades e da empresa, pois o relacionamento e trabalho entre líderes e equipes são mais fluidos, a comunicação em âmbito de *feedback* e delegação é mais assertiva e justa, treinamento, mentoria e *coach* não são forçados, mas planejados e executados com sentido.

Quando temos um ambiente de trabalho onde podemos realmente expressar nossos sentimentos e emoções, pois temos necessidades a serem supridas, entramos em sintonia com um espaço de segurança psicológica, onde temos a certeza de que, no mínimo, iremos ser ouvidos e respeitados.

Portanto, o pilar SENTIR tem por um dos seus objetivos fazer empresários, líderes, gestores e membros de equipes compreenderem se estão conectados de forma genuína com as pessoas, promovendo relacionamentos positivos para atender e serem atendidos em suas necessidades, que têm origem em sentimentos e emoções.

Para embasar ainda mais a importância do pilar SENTIR em termos de segurança psicológica, apresentamos o caso do Google, projeto Aristóteles, que inspirado na frase do pensador grego, "o todo é maior que a soma de suas partes", remete aos colaboradores que poderiam fazer mais trabalhando juntos do que isoladamente, mas que apenas serviu de mote para o verdadeiro foco do projeto que era – "o que torna um time eficiente?"

CASO GOOGLE

O ano era 2011 e o Google queria construir um time exemplar. O projeto seria realizado com os dados que a empresa possuía. Milhões de dólares foram gastos no decorrer de dez anos para compreender o comportamento dos seus colaboradores. Como, por exemplo, o que levava as pessoas a estarem mais próximas umas às outras no horário de almoço ou quais eram as competências dos líderes de maior destaque.

Primeiro, a equipe do Google definiu o que é um time – "é uma reunião de pessoas que trabalham juntas, planejam ações, resolvem os problemas, tomam decisões e avaliam o progresso de um serviço". Essa definição era necessária para coleta e interpretação dos dados.

Segundo, era compreender como a eficiência poderia ser mensurada. Após várias discussões, os pesquisadores validaram uma combinação de avaliações quantitativas e qualitativas.

Tipos de avaliações:

1. avaliação executiva da equipe;

2. avaliação do líder;

3. avaliação dos membros do time;

4. desempenho de vendas do trimestre.

As equipes avaliadas tinham de 3 a 50 membros.

O objetivo do Projeto Aristóteles, ao identificar os comportamentos dos profissionais era aumentar a produtividade e resultado pela combinação dos melhores membros das equipes. Sob esse contexto, os pesquisadores do projeto analisaram em torno de 50 anos de produções de trabalhos acadêmicos para entender como as equipes operavam.

Existiam algumas hipóteses compartilhadas no mundo organizacional. Exemplos:

- As equipes são de alto desempenho quando os membros são amigos fora do trabalho;
- O correto é colocar todos os introvertidos para trabalharem juntos no mesmo grupo.

A questão é que nenhuma dessas hipóteses havia sido testada. A pesquisa realizada nos trabalhos científicos tinha o objetivo de identificar como as equipes de alto desempenho eram formadas. Será que foram criadas por pessoas com interesses similares, a motivação tinha origem de alguma premiação, bônus etc.

Essas análises serviram de base para os pesquisadores verificarem o comportamento dos grupos dentro do Google. A ideia era identificar se os colegas saíam juntos fora do horário de trabalho, possuíam os mesmos *hobbies*, se as bases educacionais eram parecidas, se o resultado era melhor com mais extrovertidos ou introvertidos, além de outros critérios.

Selecionaram 180 times: 115 de engenharia e 65 de vendas. Os pesquisadores analisaram as equipes de alto e baixo desempenho, aleatoriamente. Dessa forma, os pesquisadores tinham um foco em analisar as características de cada equipe: traços de personalidade, dados demográficos e habilidades de vendas. Também foi analisado como um colega trabalhava com o outro.

Todas as ideias foram extraídas das pesquisas científicas e do próprio Google. Foram realizadas pesquisas com a liderança para diagnosticar o que era essencial para alcançar a eficácia.

Alguns itens utilizados na pesquisa:

1. Dinâmica de grupo: o indivíduo se sente seguro para expressar opiniões divergentes às da equipe;
2. Conjunto de habilidades: o profissional considera ser bom em ultrapassar obstáculos e desafios;

3. Traços de personalidade: a pessoa se vê como confiável;

4. Inteligência emocional: o talento ignora os problemas de outras pessoas.

Variáveis demográficas foram também consideradas.

O Google com o Projeto Aristóteles, conseguiu testar as hipóteses que queria e compreender melhor o comportamento dos seus colaboradores, bem como estes tiveram a oportunidade de se compreender melhor.

O Projeto Aristóteles identificou o que faz o Google ser uma empresa com equipes diferenciadas e de alto desempenho, contudo, foi uma grande surpresa o seu resultado, pois muitos não esperavam os critérios a seguir em ordem de prioridade para os respondentes:

1. Segurança psicológica – É a percepção que um indivíduo tem sobre as consequências de assumir um risco interpessoal. Indica o conforto de uma pessoa em discordar das outras e defender seus pontos de vista. É a capacidade de não ter receio de ser visto como incompetente, ignorante, negativo ou chato. Também tem relação com a possibilidade de admitir erros, dar sua opinião e fazer perguntas.

2. Confiabilidade – É a expectativa de finalizar o trabalho com qualidade dentro do prazo e a capacidade de acreditar que todos tomarão essa atitude.

3. Estrutura e clareza – Consiste na garantia de que todos sabem o que é esperado deles e dos processos que devem ser seguidos. As metas estão incluídas nesse critério.

4. Significado – É o senso de propósito, tanto no nível individual quanto coletivo.

5. Impacto – Refere-se à percepção de que o trabalho executado é importante para a organização.

Esse *case* nos ensina que todos os membros de uma organização possuem uma relação de interdependência e, independentemente do cargo que ocupam e das suas atribuições e responsabilidades, precisam de segurança psicológica, confiabilidade, estrutura e clareza, significado e impacto. Que é importante estar por dentro das normas do grupo que definem os padrões de comportamentos e rituais a serem seguidos e que nem sempre são explicitados. Dessa forma, serão capazes de assumir riscos, errar e aprender com os erros e seguir adiante, bem como não se preocupam com os julgamentos e críticas caso não se sintam confortáveis em assumir certo desafio ou não sabem resolver algum problema. Existe empatia e as pessoas gostam de trabalhar umas com as outras, o que aumenta o engajamento, produtividade e qualidade dos resultados.

Para construir uma equipe de alto desempenho, além do citado anteriormente, coloque em prática os critérios apresentados no *case*. Não vamos entrar no mérito de remuneração e benefícios, pois devemos estar sempre acima da média nesses quesitos. Seja o melhor que puder nesse sentido.

Uma sugestão prática é você, sozinho ou com seus colegas de trabalho, fazerem uma avaliação desses cinco critérios na empresa onde trabalham ou sugerir ao seu líder para realizá-la.

Para finalizar, eis as três atitudes simples que ajudam a promover a segurança psicológica no Google:

1. Enquadrar o trabalho como um problema de aprendizagem, não de execução;

2. Reconhecer sua capacidade de errar;

3. Ser curioso e fazer muitas perguntas.

Agora precisamos compreender que para sermos uma fonte de relacionamento positivo (caso Harvard) e de segurança psicológica (caso Google), devemos ter isso conosco mesmo, ou seja, gostarmos de quem somos e como somos, nos aceitarmos e sermos aceitos por nossa família, amigos, colegas de trabalho, sociedade etc. A questão é: "e se não estivermos assim, como fazer para estarmos?"

CAPÍTULO 5

Existem vários estudos e técnicas com ferramentas que podem ajudar você na conquista de "se gostar mais" e ter mais "segurança psicológica". Recomendamos que você faça uma pesquisa e analise com quais se identifica mais, no entanto gostaríamos de recomendar a técnica de atenção plena – "*mindfulness*"*, pois a praticamos e, ao final desse pilar, vamos deixar dicas de algumas atividades para você realizar no *workbook*.

Para finalizar o pilar SENTIR, apresentamos como a ciência avança nos estudos e pesquisas da relação coração e cérebro e seu impacto em nossas decisões, relacionamentos, entre outros pontos importantes da vida.

MINDSET DO CORAÇÃO

Segue a transcrição do artigo sobre "Coração Inteligente – 6 fatos novos" por Sergio Kappel:

> **"Nosso coração está sendo redescoberto pelos avanços da ciência e tecnologia. Está deixando de ser uma bomba muscular transplantável e sujeito a vários tipos de cirurgia (Ex. pontes de safena), para ser um órgão inteligente e sensível. Não só por ser a sede das emoções, mas por possuir uma rede neural própria.** *Dispomos hoje de provas científicas de que o coração nos envia sinais emocionais e intuitivos para nos ajudar a governar a nossa vida. Em vez de simplesmente bombear sangue, o coração dirige e promove o alinhamento de muitos sistemas do corpo, de modo a fazer com que funcionem em harmonia uns com os outros." (Doc Childre e Howard Martin – Institute HeartMath-California-USA).*

---

* *Mindfulness* ou Atenção Plena é um estado onde treinamos qualidades de atenção ao momento presente e autocompaixão com experiências desafiadoras. Através do treinamento de *mindfulness,* aprendemos a perceber pensamentos, sensações corporais e emoções no momento que ocorrem, sem reagir de maneira automática ou habitual. Com isso, aprendemos a fazer escolhas mais conscientes e funcionais, influenciando positivamente na maneira como lidamos com os desafios cotidianos. Através de *Mindfulness,* aprendemos a regular as emoções desafiadoras e criar espaço mental, mesmo em circunstâncias difíceis.
Fonte: https://www.iniciativamindfulness.com.br/oque

Se sentimos frustração, medo, raiva, mágoa etc., criamos um campo energético interno e externo desordenado e incoerente, e as pessoas sentem-se confusas, pouco criativas, com reduzida clareza mental. Se, ao contrário, vivenciamos o que chamamos as frequências superiores do coração – sentimentos como amor, apreciação, compaixão, alegria, entusiasmo, perdão, gratidão, entre outros – produzimos um campo coerente e ordenado, que se irradia como informação para todas as células do nosso corpo, gerando maior equilíbrio, maior clareza mental, máxima criatividade e bem-estar.

Fatos surpreendentes de um coração redescoberto:

1. O campo elétrico do coração é 40 a 60 vezes superior ao campo elétrico gerado pelo cérebro. Registros já mostram também que o seu campo magnético é de 4.000 a 5.000 vezes mais potente que o do cérebro, e podem ser medidos até três metros;

2. Os batimentos cardíacos são gerados a partir do interior do próprio coração, não precisando de uma ligação com o cérebro para continuar a bater. Os cientistas ainda não sabem exatamente o que o faz o coração de um feto começar a pulsar;

3. Dentro do coração existe um pequeno cérebro, um sistema nervoso independente, com aproximadamente 40.000 neurônios, o cérebro do coração. Este complexo neuronal é gerador de uma inteligência própria, diferenciada e altamente intuitiva, que processa informações e envia sinais para o cérebro, em seu sistema límbico e neocórtex, está a parte do cérebro responsável pelo raciocínio e pensamento;

4. O coração comunica-se com o cérebro e o corpo de quatro maneiras:

    a. Comunicação neurológica (sistema nervoso);
    b. Comunicação biofísica (ondas de pulsação);
    c. Comunicação bioquímica (hormônios);
    d. Comunicação energética (campos eletromagnéticos);

5. Cada batida do coração carrega informação para as células do corpo, numa linguagem inteligente que influencia diretamente a nossa maneira de perceber, pensar e reagir ao mundo. Os ritmos cardíacos geram campos eletromagnéticos específicos, de maior ou menor coerência, que impactam diretamente o funcionamento de todos os órgãos, especialmente as funções cerebrais, impactando a performance individual;

6. Já está comprovado por testes que, quando cérebro e coração estão em sincronia energética, mais inteligência e intuição ficam disponíveis para os indivíduos.

(Fontes: Instituto HeartMath – Califórnia – EUA; livro *Memória das células*, Dr. Paul Pearsall; livro *The Biology of Transcendence*, John Pearce, entre outros. Post: Conexão Coração.)

Sim. É questionador e polêmico, mas como você viu existem estudos científicos que comprovam que o nosso coração é um "cérebro" e que este tem um grande poder sobre nós no momento das decisões. Então "ouvir" o coração pode ser uma boa saída em algumas decisões da vida, independentemente de serem fáceis ou difíceis. Leve isso em conta.

Nós nos pegamos muitas vezes no cotidiano envoltos em frases que remetem a esse sentido:

- "O meu coração fala mais alto";
- "Meu coração diz outra coisa";
- "Estou seguindo meu coração".

Frases de famosos também:

"Só se vê bem com o coração,
o essencial é invisível aos olhos."
(Antoine de Saint-Exupéry)

> "O amor não se vê com os olhos, mas com o coração."
> (William Shakespeare)

> "Sua visão se tornará clara somente quando você olhar para dentro do seu coração. Quem olha para fora, sonha. Quem olha para dentro, acorda."
> (Carl Jung)

Agora que levamos em conta esses estudos científicos e não é objetivo desta obra aprofundar-se na conexão entre coração e cérebro, vamos deixar aqui o *link* caso você deseje estudar mais a respeito - https://www.heartmath.org/ e seguimos adiante com o nosso próximo pilar, o PENSAR.

PENSAR

Iniciamos o pilar PENSAR com a importância de você identificar o seu nível de consciência, que tem a ver com suas crenças e valores.

MAS O QUE SÃO CRENÇAS E VALORES?

As crenças e valores são responsáveis por nossa forma de ser, fazer e ter a vida que possuímos. Nossos valores são responsáveis por nossas escolhas, eles condicionam nossos comportamentos no cotidiano e fazem as pessoas se atraírem ou não por nós e, obviamente, quanto maior for a identificação de terceiros por nós, maior será nossa capacidade de relacionamento, influência e articulação para liderar e gerir pessoas, fazer as mudanças que precisam ser feitas para gerarmos os resultados, portanto, é fundamental sabermos nossos valores positivos e potencialmente limitantes.

Os valores positivos funcionam como "alavancas" que impulsionam nossos resultados. Eles são nossos diferenciais, que nos tornam únicos e especiais diante dos outros. Fazem as pessoas nos seguirem, comprarem nossos projetos e aspirações. Em suma, transmitem confiança, e confiança é a base para iniciar qualquer coisa.

CAPÍTULO 5

Em contrapartida, temos os valores potencialmente limitantes, baseados em nossas crenças sabotadoras, que são nossos medos correlacionados às necessidades de "não ter o suficiente", "não ser gostado" e "não ser o suficiente". Os valores potencialmente limitantes têm origem em nosso ego. Alguns comportamentos gerados em nós pelos valores potencialmente limitantes são a necessidade de ser respeitado, comandar, mandar, cobrar, controlar, exigir, aparecer, foco de curto prazo, burocracia, entre outros. Caso tenhamos uma função de liderança onde trabalhamos com esses comportamentos, as pessoas podem se demitir de nós, fingindo serem lideradas e, na primeira oportunidade, se recolocam no mercado de trabalho. Afinal, quem deseja trabalhar com um líder que tem seus comportamentos e decisões baseados em medos.

Richard Barrett, em seu livro *A organização dirigida por valores*, nos fala que "as organizações não se transformam, quem se transforma são as pessoas". Mais precisamente a liderança, que molda as pessoas, que a seguem, copiando seus comportamentos. Essa transformação deve ser por meio da mudança de crenças e, por conseguinte, dos valores. As crenças são baseadas em nossas necessidades. Conscientizar e suprir as necessidades das pessoas é uma poderosa força motriz para engajar e acelerar a mudança. Percebam que o pensar se conecta com sentir. A seguir, os sete níveis de consciência da liderança.

Modelo Barrett   Significado

Contribuição **7** **Propósito de vida**
Dedicado ao serviço, preocupação com futuras gerações, visão, responsabilidade social, perspectiva de longo prazo

Colaboração **6** **Cultivar comunidades**
Envolvimento comunitário, parceria, *mentoring/coaching*, realização do funcionário

Alinhamento **5** **Expressão autêntica**
Abertura, criatividade, integridade, paixão, confiança, honestidade, transparência

Evolução **4** **Evoluir com coragem**
Senso de dono, transformação, inovação, aprendizagem contínua, autonomia, empoderamento, agilidade

Desempenho **3** **Atingir a excelência**
Qualidade, orientado para resultados, competência, autoestima, produtividade, eficiência

Relacionamentos **2** **Construir relacionamentos**
Satisfação do cliente, conexão, respeito, escuta, comunicação aberta

Viabilidade **1** **Assegurar a estabilidade**
Estabilidade financeira, lucro, segurança, saúde

Fonte: https://www.valuescentre.com/

Os níveis são onde estão nossos valores. Os níveis que possuírem um maior número de valores é onde operamos (vivemos nossas vidas) mais na maior parte do tempo. Identificar onde operamos nos ajuda a refletir e estruturar um processo de mudança que nos faça progredir continuamente.

A dica é você realizar o *assessment* gratuito no *site* do Barrett Values Center e descobrir seus valores e nível de atuação. Existem outros *assessments* no *site*, mas que são pagos. Recomendamos o que mensura o nível de entropia da liderança.

A entropia da liderança reflete o grau de comportamentos e ações de um líder que são baseados no medo (crença limitante). Esse *assessment* apresenta o percentual de todos os valores potencialmente limitantes da liderança.

Quando o líder possui a consciência dos seus medos, sabe como eles impactam nas pessoas e, consequentemente, nos resultados da empresa, tem a oportunidade de mudar e reinventar-se como líder.

O *link* para o *assessment* gratuito está em sua Jornada de Desenvolvimento.

> "Quando você entende onde está em seu desenvolvimento e em qual estágio está chegando, pode fazer escolhas que antecipam desafios futuros e, assim, aceleram o seu ritmo."
> **(Richard Barrett)**

Acesse o site do autor e aprofunde-se no tema:
https://compass.valuescentre.com/

POTENCIAL DE COMPETITIVIDADE

Um outro critério do PENSAR é você compreender o seu potencial de competitividade. O que chamamos de potencial de competitividade é a capacidade do indivíduo de se manter funcional para o mercado, sendo empregador ou empregado. Em outras palavras, é ter as habilidades e atitudes necessárias para poder operar, competir e se destacar entre os demais.

O nosso potencial de competitividade, metaforicamente falando, é como se fosse um "prazo de validade" de um produto. Caso esteja no prazo, consumimos, caso não, descartamos, não compramos. Todos nós temos um potencial de competitividade, temos um prazo de validade. Como fazer para aumentar o nosso prazo de validade, ou seja, nosso potencial de competitividade? Tendo uma cultura de *lifelong learning* - "aprendizado ao longo da vida".

Antes, na velha economia, eram poucas as atividades, funções, cargos e modelos de negócios que precisavam se atualizar, se reinventar constantemente, ou seja, fazer atualizações e estudos de aperfeiçoamento sobre processos, normas, políticas, produtos, serviços, relações e parcerias com *stakeholders* etc. Hoje, na nova economia, todos temos que nos atualizar, nos reinventar.

Internalizar e vivenciar uma cultura de aprendizagem continuada, e ter essa cultura como uma competência para conquistar novos objetivos e gerar resultados, são um diferencial de competitividade gigantesco. Mais adiante, vamos abordar como desenvolver e fazer parte de uma "cultura de aprendizado ao longo da vida", bem como quais as competências da nova economia, que é intrínseca ao pilar PENSAR.

TRANSIÇÃO DE VUCA PARA BANI

Por ora, gostaríamos que você compreendesse que "aprendizado ao longo da vida" é um conceito que possui a premissa de que podemos e devemos buscar conhecimento contínuo em diferentes situações, momentos, locais e formatos. É a renovação "do que se sabe" tanto em uma perspectiva técnica quanto comportamental, haja vista que fazemos parte de um mundo em constante mudança, como explorado no volume 1 de *Nova Gestão*, quando no capítulo 1 abordamos os conceitos dos acrônimos, mundo VICAI – Volátil, Incerto, Complexo, Ambíguo e Inédito, e de mundo BANI - Frágil, Ansioso, Não linear e Incompreensível. Recomendamos a leitura!

É importante compreendermos a contextualização da transição e evolução dessas tipologias (acrônimos) que personificam o mundo de ontem e hoje para identificarmos e eliminarmos nossos *gaps* de habilidades e atitudes e, consequentemente, estarmos aptos para acompanhar o presente e as mudanças que estão por vir em ciclos de tempo cada vez mais curtos e impactantes. Quando formos abordar cultura de *lifelong learning*, iremos apresentar as competências que precisamos desenvolver e outras que devemos esquecer para acompanhar a nova economia e fazer uso adequado do *framework* da Nova Gestão.

A tipologia VUCA é um acrônimo do idioma inglês que significa *Volatile, Uncertain, Complex* e *Ambiguous*. Em português, significa Volátil, Incerto, Complexo e Ambíguo (VICA). Surgiu na época pós-Guerra Fria sob um cenário de globalização intensamente digital e de relacionamentos intercontinentais em crescimento. Seu surgimento foi no movimento *US Army War College* ao final da década de 1980. Rapidamente viralizou no meio militar entre a década de 1990 e início dos anos 2000. Foi temática de produção acadêmica, livros e artigos sobre liderança, gestão, estratégia, mercado etc.

Esse conceito ganhou muita força no meio organizacional, onde muitas empresas passaram a considerar o acrônimo como uma tradução perfeita para o que estávamos atravessando, e passaram a fazer uso desse acrônimo para análises de cenários, definições de estratégias, projetos e planos para atuar e competir no mercado, ou seja, VUCA direcionou decisões no final do século 20 e início do século 21, servindo como um parâmetro situacional.

No entanto, um novo conceito vem ocupando espaço e sendo difundido por especialistas, pensadores e estudiosos sobre o assunto. O acrônimo BANI (Frágil, Ansioso, Não linear e Incompreensível) é mais adequado ao mundo presente e ao futuro. Isto porque atravessamos crises sanitárias, catástrofes climáticas, desigualdades per capitas entre nações, movimentos migratórios por segurança e qualidade de vida, mudanças de poder econômico, preocupação com segurança da informação, gestão de multigerações, empoderamento do cidadão com dispositivos móveis, aceleração tecnológica etc.

Dessa forma, o termo VUCA perde força por não atender às respostas em compreender esse momento, bem como de tentar prever as possíveis consequências a que estamos sujeitos. A tipologia BANI é mais adequada e foi apresentada pelo antropólogo e futurologista americano Jamais Cascio, em um evento no Institute For The Future (IFTF) em 2018, significa em inglês, Brittle, Anxious, Nonlinear e Incomprehensible. Em português, significa Frágil, Ansioso, Não linear e Incompreensível.

Em abril de 2020, Cascio publicou um artigo no Medium, intitulado *Facing the age of Chaos* (https://medium.com/@cascio/facing-the-age-of-chaos-b00687b1f51d), onde profetizou que "Os métodos que desenvolvemos ao longo dos anos para reconhecer e responder às interrupções comuns são cada vez mais inadequados quando o mundo parece estar desmoronando."

Um outro estudioso, palestrante e pesquisador alemão, Stephan Grabmeier, destaca as quatro mudanças do mundo VUCA para o BANI:

- "O que costumava ser **volátil** deixou de ser confiável";
- "As pessoas não se sentem mais **inseguras**, estão ansiosas";
- "As coisas não são mais **complexas**, em vez disso, obedecem a sistemas lógicos não lineares";
- "O que costumava ser **ambíguo** parece incompreensível para nós hoje".

Comparativo entre VUCA e BANI:

Gráfico adaptado de: https://stephangrabmeier.de/bani-versus-vuca/#infographic

MUNDO VUCA X MUNDO BANI

Apesar de ter o mesmo propósito e diversas similaridades com o Mundo VUCA, a terminologia BANI apresenta uma evolução das convicções anteriores.

Veja as principais variações entre os dois modelos:

01 — Fim da Guerra Fria e avanço da tecnologia. / Crises sanitárias e ambientais, mundo conectado.

02 — Cenário volátil, transformações rápidas. / Mundo frágil, relações comerciais e sociais sensíveis.

03 — As pessoas e empresas estão incertas quanto ao futuro. / As pessoas e empresas estão ansiosas com a perspectiva do futuro.

04 — O mundo é complexo e com muitas camadas. / Os sistemas tecnológicos e biológicos operam de forma não programada.

05 — As tomadas de decisão são ambíguas. / As múltiplas fontes de informação deixaram o mundo incompreensível.

06 — A leitura do mundo VUCA tornou-se ultrapassada para a realidade atual. / O mundo BANI permite novas perspectivas e descreve a situação casual e emocional.

fonte: https://blog.runrun.it/o-que-e-mundo-bani/

MODERNIDADE LÍQUIDA

Um outro conceito, que chamou nossa atenção e gerou muitos *insights* e aprendizados é o de Modernidade Líquida, do professor, sociólogo e filósofo Zygmunt Bauman, em sua obra de mesmo nome ele provoca: "Os tempos são líquidos porque, assim como a água, tudo muda muito rapidamente. Na sociedade contemporânea, nada é feito para durar".

Gostaríamos de fazer uma pequena exposição sobre a relevância desse conceito, Modernidade Líquida, que dialoga com os conceitos de mundo VUCA e BANI, porque ele gera um outro incômodo. O de quebrarmos os nossos modelos mentais, que sempre buscam uma lógica causal de diagnosticar, rotular, julgar, enquadrar, pois nos gera segurança e conforto, e inconscientemente, instintivamente, nos leva a uma situação de satisfação da vida como está.

Modernidade Líquida é a expressão utilizada por Bauman para caracterizar os dias de hoje, também conhecido como pós-moderno por outros sociólogos e cientistas de sociologia. A correlação com o líquido seria de que a sociedade atual é líquida, volátil e fluida. Os acontecimentos, situações e relações não são feitos para durar, pelo contrário, são rápidos, transitórios, mudam constantemente e não conservam sua forma.

A Modernidade Líquida é aversa à modernidade sólida que esteve presente em nossa sociedade até meados da metade do século XX.

A era sólida foi caracterizada por extremismos em relação a comando, cobrança, controle, ordem, repressão, regulação e dureza. É marcada por autoritarismo e violência para garantir estabilidade e ordem ao *status quo* (estado das coisas) na sociedade como um todo, em instituições e organizações públicas e privadas. A rigidez, dureza e inflexibilidade são características dos comportamentos e ações dessa sociedade, bem como de estruturas e regras. O mundo dos negócios, órgãos do governo, a sociedade e as pessoas eram dotados da verdade, razão e certeza do que está acontecendo e do que está por vir, portanto, nada melhor do que buscar a ordem e a dureza.

A Modernidade Líquida é uma nova época de não linearidade, de incertezas, fragilidades, ambiguidades, volatilidade, sinais fracos e confusos, mudanças abruptas, rápidas e imprevisíveis. Bauman afirmava que a nossa sociedade atual seria a mais independente em relação às anteriores.

A sociedade em que vivemos é mais emancipada que as demais. As pessoas estão mais conscientes das suas aspirações e necessidades. Encaramos a vida com mais leveza, liberdade de pensamento e ações, experimentando e ousando. Vide movimentos como *Black Lives Matter* (Vidas Negras Importam) e Grande Renúncia (Demissões Voluntárias nos EUA).

Em contrapartida, essa nova forma de comportamento social e libertador, segundo o autor, não assegura de imediato felicidade, alegria ou satisfação, bem como o indivíduo passa a ser o total responsável por suas ações e decisões, tendo a consciência das suas consequências. Para Bauman, as únicas certezas na Modernidade Líquida são que tudo vai mudar a qualquer momento e que tudo é incerto, haja vista que nada mais é sólido e definido.

Não vamos falar aqui do "preço" que pagamos por essa Modernidade Líquida, como o individualismo, a volatilidade e fluidez nos relacionamentos, e que a procura por sucesso e felicidade carrega um peso de responsabilidade única em nós; deixamos a orientação que se debrucem sobre as obras do autor. Embora devamos compreender que, como líquido, é impossível manter as estruturas, ações e decisões em nossas mãos por muito tempo, é possível em pouco tempo extrair o máximo de potencial desses artefatos e sermos bem assertivos nas decisões.

Nosso objetivo no PENSAR é como ajudar você a se fortalecer para suportar e conviver no BANI, na modernidade líquida, onde a procura por realização é continua, pois tudo é rápido e passageiro.

A seguir, algumas características da Modernidade Líquida que nos ajudam a identificá-la:

1. Incerteza;

2. Imprevisibilidade;

3. Fluidez de informações;

4. Constante movimento;

5. Competição econômica;

6. Superficialidade e fragilidade dos relacionamentos;

7. Personalidade moldável aos interesses do momento;

8. Processo de individualização, egocentrismo;

9. Mercantilização das relações sociais;

10. Surgimento de novas patologias: solidão, isolamento, exclusão.

Relatamos algumas diferenças entre as modernidades:

Modernidade Sólida	Modernidade Líquida
Sociedade de consumidores e produtores	Sociedade de consumidores
Consumo para a sobrevivência	Consumo para ser aceito socialmente
Instituições sólidas	Instituições fluidas
Imobilidade geográfica e trabalhista	Mobilidade geográfica e flexibilidade trabalhista
Durabilidade	Obsolescência programada

LIFELONG LEARNING

Agora vamos adentrar em como construir e fazer parte de uma cultura de *Lifelong Learning (LLL)*, de aprendizado ao longo da vida, e quais são as competências, habilidades e atitudes necessárias para fazer uso com as pessoas do *framework* da Nova Gestão na nova economia. Em outras palavras, como se adaptar e se reinventar no mundo BANI, na Modernidade Líquida.

> *"Este conceito surgiu na Dinamarca em 1971, sem um autor específico a ser mencionado, em 1993, a professora Leslie Watkins, na Califórnia ganha um prêmio por se destacar adotando esse conceito para estimular os 'Lifelong Learners' e, em 2003, na Europa surgem várias iniciativas com a premissa LLL que se transforma numa plataforma para todos os países da união europeia a fim de fomentar conversas sobre essa forma de encarar a vida. No Brasil, começamos a falar do Lifelong Learning, com maior ênfase, em 2017 com algumas matérias de jornal e revistas abordando o tema, que, de alguma forma, ainda passa despercebido do grande público." – Celso Teixeira Braga – Lifelong Learning.*

O aprendizado ao longo da vida é um conceito que tem por objetivo provocar proativamente e constantemente o desenvolvimento pessoal e profissional, unindo formas diversas de conhecimento e prática, que se transformam em múltiplas fontes de aprendizagem, onde quem define a mais importante é quem aprende.

Percebemos mais ainda a importância desse tipo de cultura, quando lemos no relatório para a UNESCO sobre "Educação no Século XXI" de autoria do estudioso e político francês, Jacques Delors, onde ele resume bem o papel dessa aprendizagem nos dias de hoje: *"O conceito de educação ao longo da vida é a chave que abre as portas do século XXI; ele elimina a distinção tradicional entre educação formal inicial e educação permanente."*

Vamos recapitular as quatro etapas de uma cultura de aprendizagem ao longo da vida, *lifelong learning*, para você desenvolvê-la por conta própria como uma competência ou implementar na sua organização.

As 4 etapas são:

1. Aprender a conhecer;

2. Aprender a fazer;

3. Aprender a conviver;

4. Aprender a ser.

Vamos nos aprofundar em cada uma.

1. Aprender a conhecer

Aprender a conhecer é o estar curioso. É a nossa vontade de aprender, de buscar novos conhecimentos, de questionar o que sabemos. Uma forma de desenvolver isso é compreender como surgiu a necessidade do que precisa ser feito e questionar se pode ser realizado diferente. É estimular o pensamento crítico, a criatividade e inovação.

É proporcionar a diversidade e embate construtivo com outros de conhecimentos e saberes como forma de aprendizado coletivo e individual. Quando nos permitimos a abrir espaços e oportunidades para áreas e conteúdos variados, conseguimos ampliar e melhorar nosso repertório para resolver problemas complexos e atípicos.

Questionamento individual para essa etapa: qual o meio social em que vivo e o que preciso saber para posicionar-me perante os múltiplos desafios da vida?

2. Aprender a fazer

Aprender a fazer é colocar o conhecimento certo na proporção ideal para obter o resultado no tempo e qualidade esperada. É aplicar o que sabemos diante dos problemas que a nossa sabedoria nos permite visualizar.

Uma das formas de desenvolver isso é alinhar a teoria e conhecimento à nossa realidade prática, ou seja, o que eu aprendo irei fazer uso no meu cotidiano. Fazer uso de resolução de problemas e estudar casos que estejam conectados com a nossa realidade estimulam e facilitam a aprendizagem. Somos interessados em aprender algo que facilite a nossa vida em qualquer perspectiva.

Questionamento individual para essa etapa: quais habilidades para sobreviver, crescer na vida e trabalhar com outros?

3. Aprender a conviver

Aprender a conviver é se relacionar bem com outras pessoas, colaborar e trabalhar em equipe. É estar próximo e solícito.

É ser empático no aprendizado, compartilhando o que sabemos com outros, nossos acertos e erros, a fim de que aprendam a maneira certa para obter a melhor experiência e resultado em sua prática. Fazendo isso, desenvolvemos ainda mais nossos aprendizados, pois compartilhar experiências consolida o que se sabe. Aprender a conviver amplia a nossa fluência humana. Passamos a compreender melhor como o outro aprende e ensina. Damos e recebemos saberes (conteúdos, competências, especialidades e visões). Fortalecemos a confiança fazendo com outros.

Questionamento individual para essa etapa: como criar vínculos sociais, compreender o outro, gerir conflitos e proporcionar a inclusão social?

4. Aprender a ser

Finalizando, temos a etapa de aprender a ser. Indiscutivelmente, devemos nos responsabilizar pelo nosso conhecimento e aprendizado contínuo.

Aprender a ser é ter *accountability* e assumir sobre o que, por que, como e onde aprender. Temos autonomia e poder sobre nossas decisões de aprendizagem. Sabemos que podemos criar condições para aprender algo.

Um ponto de atenção e que não podemos confundir. É acreditar que as organizações não são mais responsáveis por treinar e desenvolver seus colaboradores. Pelo contrário, **o papel das organizações que adotam uma cultura de *lifelong learning* é patrocinar oportunidades e meios de aprendizado corporativo continuado. É garantir que as pessoas enxerguem seu potencial de crescimento na carreira e consequentemente desenvolvam as competências necessárias para assumirem novas posições dentro da empresa.**

Questionamento individual para essa etapa: quais estratégias posso utilizar para desenvolver a autorregulação do processo de aprendizagem, a autonomia e a responsabilidade social?

Alguns exemplos de práticas de *lifelong learning*:

1. Fazer uma certificação para atuar em uma nova área;

2. Ser um facilitador interno na organização em que trabalha ou na comunidade onde reside;

3. Solicitar atribuições e responsabilidades um nível acima da sua atuação profissional em consenso com a sua liderança;

4. Ser mentor ou *coach* de alguém (atente-se às diferenças dos conceitos);

5. Estudar uma nova habilidade, fortalecendo a formação em *T-shaped*[*];

6. Aprender a trabalhar com novas tecnologias;

7. Diversificar o uso de metodologias, processos e normas;

8. Fazer parte de protótipos até a fase de MVP[**];

---

[*] O termo vem do inglês – t-shaped professional – e é utilizado para se referir a um conjunto de habilidades que privilegia tanto os conhecimentos generalistas quanto específicos. Ou seja, o profissional em T é um perfil especialista e multidisciplinar ao mesmo tempo.

[**] MVP é a sigla para Minimum Viable Product, ou produto mínimo viável. Trabalhar bem com esse conceito é determinante para *startups*, porque elas não têm tempo a perder. O MVP é uma versão simplificada do seu produto, com suas principais funcionalidades.

9. Permitir ser liderado em projetos que não da sua área de atuação;

10. Ser voluntário em um ONG (Organização Não Governamental);

11. Participar como aluno ou facilitador de *Team Building*.

COMPETÊNCIAS PARA A NOVA ECONOMIA

Responder a todas as questões propostas em sua Jornada de Desenvolvimento irá ajudá-lo a desenvolver as competências para a nova economia. Competências que serão úteis para uso em nosso *framework* da nova gestão. Então, insistimos que reserve um tempo entre um capítulo e outro, ou na final da leitura, para responder.

Indicamos e respeitamos muito os estudos do Fórum Econômico Mundial, que sempre apresenta pesquisas que são consideradas por várias escolas de negócios, direcionando a grade e conteúdo programático dos seus cursos.

A última pesquisa (imagem a seguir) que tivemos acesso durante esta escrita. A pesquisa apresenta as competências em alta e as competências em baixa. A partir da análise da pesquisa, você pode se questionar como estão suas competências.

Perspectivas de habilidades 2022

CRESCENDO	DECLINANDO
1. Pensamento analítico e inovação	1. Destreza manual, resistência e precisão
2. Aprendizagem ativa e estratégias de aprendizagem	2. Habilidades de memória, verbais, auditivas e espaciais
3. Criatividade, originalidade e iniciativa	3. Gestão de recursos financeiros e materiais
4. Design e programação de tecnologia	4. Instalação e manutenção de tecnologia
5. Pensamento crítico e análise	5. Leitura, escrita, matemática e escuta ativa
6. Resolução de problemas complexos	6. Gestão de pessoal
7. Liderança e influência social	7. Controle de qualidade e conscientização de segurança
8. Inteligência emocional	8. Coordenação e gerenciamento de tempo
9. Raciocínio, resolução de problemas e ideação	9. Habilidades visuais, auditivas e de fala
10. Análise e avaliação de sistemas	10. Uso, monitoramento e controle de tecnologia

Outras pesquisas e estudos que tivemos acesso, como o relatório da McKinsey citado no capítulo 1, identifica nesta década que de "75 milhões a 375 milhões de trabalhadores podem precisar mudar de categoria ocupacional e aprender novas habilidades", e em cerca de 60% das ocupações, mais de 30% das atividades podem ser automatizadas até 2030.

Um outro relatório da Oxford Economics, "*How Robots Change the World*", apresenta que mais de 8% da "força de trabalho de manufatura global deve ser substituída por robôs" até o final da década.

Para finalizar a relação de estudos, um outro relatório, da Citrix, "*Work 2035*", comenta que, quando estivermos em 2035, a tecnologia e Inteligência Artificial (IA) serão mediadoras do mundo do trabalho, ou seja, quase tudo passará por elas.

Alguns dados desse relatório:

- 77% dos profissionais pensam que, até 2035, a IA acelerará significativamente seu processo de tomada de decisão, tornando-os mais produtivos;

- 83% dos profissionais acreditam que, até 2035, a tecnologia automatizará tarefas repetitivas e tarefas de baixo valor, liberando os trabalhadores para se concentrarem em um trabalho mais significativo;

- 91% dos profissionais entrevistados acreditam que até lá sua organização gastará mais em tecnologia e IA do que em trabalhadores humanos;

- 90% dos líderes empresariais acreditam que o investimento em desenvolvimento e aplicações de IA será o maior impulsionador de crescimento para sua organização.

Alguns trabalhos serão, é claro, especializados. Mas em um mercado de trabalho mais automatizado, digital e dinâmico, todos os cidadãos se beneficiarão de ter um conjunto de habilidades fundamentais que os ajudem a cumprir os três critérios a seguir, independentemente do setor em que trabalham ou da ocupação:

1. Agregar valor além do que pode ser feito por sistemas automatizados e máquinas inteligentes;

2. Operar em ambiente digital;

3. Adaptar-se continuamente a novas formas de trabalho e novas ocupações.

Embora tenhamos solicitado para você responder às questões do *workbook* sobre os pilares da cultura de *lifelong learning* com o objetivo de construir competências para a nova economia, apresentamos uma pesquisa da McKinsey, intitulada como "Definir as habilidades que os cidadãos precisarão no futuro do mundo do trabalho", que reúne dados de 18.000 pessoas em 15 países e retrata essas competências. Os especialistas e consultores, Marco Dondi, Julia Klier, Frédéric Panier e Jörg Schubert listaram e agruparam 56 capacidades, habilidades e atitudes, as quais eles batizaram de DELTAs.

Os consultores pesquisadores iniciaram o trabalho em quatro categorias amplas de habilidades: cognitiva, digital, interpessoal e autoliderança. Na sequência, identificaram 13 grupos de habilidades condizentes a essas categorias. Por exemplo: comunicação e flexibilidade mental são dois grupos de habilidades que pertencem à categoria cognitiva, enquanto a eficácia do trabalho em equipe pertence à categoria interpessoal.

Nossa Pesquisa identificou 56 habilidades fundamentais que ajudarão as pessoas a prosperar no futuro

COGNITIVO	
Pensamento Crítico	**Planejamento e formas de trabalhar**
• Solução de problemas estruturados • Raciocínio lógico • Entendendo preconceitos • Busca de informações relevantes	• Desenvolvimento Plano de trabalho • Gestão de tempo e priorização • Pensamento ágil
Comunicação	**Flexibilidade Mental**
• Contar histórias e falar em público • Perguntar as perguntas corretas • Sintetizar mensagens • Escutar ativamente	• Traduzindo conhecimento para diferentes contextos • Adoção de diferentes perspectivas • Adaptabilidade • Habilidade para aprender

INTERPESSOAL

Sistemas de Mobilização

- Modelagem
- Negociações ganha-ganha
- Criação e inspiração de visões
- Consciência organizacional

Desenvolvendo relações

- Empatia
- Inspiração de confiança
- Humildade
- Sociabilidade

Eficácia do trabalho em equipe

- Promovendo a inclusão
- Motivando diferentes personalidades
- Resolvendo conflitos
- Colaboração
- Coaching
- Empoderamento

AUTOLIDERANÇA

Autoconsciência e autogestão

- Compreender as próprias emoções e gatilhos
- Autocontrole e regulação
- Compreender os próprios pontos fortes
- Integridade
- Automotivação e bem-estar

Empreendedorismo

- Coragem e assumir riscos
- Impulsionando a mudança e inovação
- Energia, paixão e otimismo
- Quebra de paradigmas e ortodoxias

Alcance de Metas

- Senso de dono e determinação
- Garra e persistência
- Lidar com a incerteza
- Autodesenvolvimento

DIGITAL

Fluência digital e cidadania

- Alfabetização digital
- Aprendizado digital
- Colaboração digital
- Ética digital

Uso de sistemas e desenvolvimento

- Alfabetização de programação
- Análise de dados e estatísticas
- Pensamento computacional e algorítmico

Entendimento de Sistemas Digitais

- Alfabetização de dados
- Sistemas inteligentes
- Alfabetização de cibersegurança
- Tradução e habilitação de tecnologias

CAPÍTULO 5

Segue o link para acesso à pesquisa na íntegra: https://www.mckinsey.com/industries/public-and-social-sector/our-insights/defining-the-skills-citizens-will-need-in-the-future-world-of-work

Recomendamos o estudo da pesquisa e a preparação no desenvolvimento dessas competências.

UPSKILLING E RESKILLING

"A fragilidade pode ser enfrentada por capacidade e resiliência; a ansiedade pode ser aliviada por empatia e atenção plena; a não linearidade necessitaria de contexto e flexibilidade; a incompreensibilidade pede transparência e intuição. Essas podem muito bem ser mais reações do que soluções, mas sugerem a possibilidade de que respostas possam ser encontradas."
(Jamais Cascio – Antropólogo e futurologista americano – Sobre como enfrentar o mundo BANI - Brittle, Anxious, Nonlinear e Incomprehensible.)

Quando além da pesquisa da McKinsey lemos a menção anterior de Cascio sobre competências no mundo BANI, fica mais evidente a importância do "senso de urgência" em nosso desenvolvimento de competências.

Antes de falar sobre o desenvolvimento de competências, é prudente lembrar os tipos e conceitos de competências. Temos dois tipos de competências, as *soft skills* e *hard skills*. Esses termos remontam ao ano de 1972, quando foram criados pelo Exército norte-americano, que inseriu em sua metodologia de treinamento conceitos e técnicas de como fazer os soldados terem uma tratativa mais humanizada com a população civil. O grande objetivo era despertar nos soldados o interesse genuíno em servir ao cidadão, tendo por exemplo mais cordialidade, colaboração, atenção, empatia etc.

Tanto as *soft skills* como as *hard skills* podem ser desenvolvidas em cursos e treinamentos, mas ambas devem ter seus conceitos e ferramentas colocados em prática com o tipo de inteligência correlata. No caso das *soft skills*, é a inteligência emocional (QE – Quociente Emocional) e das *hard skills* a inteligência racional (QI – Quociente Intelectual), dessa forma, teremos a aplicação prática e aprendizagem.

Segundo o psicólogo, escritor e PhD de Havard Daniel Goleman, apontado como o pai da inteligência emocional, é a "capacidade de identificar os nossos próprios sentimentos e os dos outros, de nos motivarmos e de gerir bem as emoções dentro de nós e dos nossos relacionamentos". Em outras palavras, sem a inteligência emocional, não existe *soft skill*. Quanto mais domínio você tiver sobre a sua inteligência emocional, mais *expert* será em *soft skill*.

O infográfico a seguir apresenta as ramificações da inteligência emocional, as quais você pode considerar como domínios para praticá-las: autoconsciência, autogestão, consciência social e gestão dos relacionamentos.

INTELIGÊNCIA EMOCIONAL	
AUTOCONSCIÊNCIA	**AUTOGESTÃO**
1. Autoconsciência: interpretar as próprias emoções e reconhecer o impacto delas; usar a "intuição" para orientar decisões; 2. Autoavaliação correta: conhecer pontos fortes e limites pessoais; 3. Autoconfiança: uma ideia bem fundamentada do próprio valor e das capacidades pessoais.	1. Autocontrole emocional: manter sob controle emoções e impulsos desestabilizadores; 2. Transparência: demonstrar honestidade e integridade; confiabilidade; 3. Adaptabilidade: flexibilidade para se adaptar a novas situações ou superar obstáculos; 4. Realização: o desejo de melhorar o desempenho para alcançar padrões íntimos de excelência; 5. Iniciativa: disposição para agir e aproveitar oportunidades; 6. Otimismo: ver o lado positivo dos acontecimentos.
GESTÃO DOS RELACIONAMENTOS	**CONSCIÊNCIA SOCIAL**
1. Liderança inspiradora: guiar e motivar com uma visão convincente; 2. Influência: empregar um conjunto de táticas para persuadir; 3. Desenvolvimento dos outros: apoiar e fortalecer habilidades alheias com *feedback* e orientação; 4. Estímulo a mudanças: instituir, administrar e liderar numa nova direção; 5. Administração de conflitos: resolver discórdias; 6. Criação de vínculos: cultivar e manter uma rede de relações; 7. Trabalho em equipe e colaboração: cooperação e formação de equipe.	Empatia: dar-se conta das emoções alheias, compreender a sua perspectiva e interessar-se ativamente pelas preocupações dos outros; Consciência organizacional: interpretar as correntes, os diagramas de influência e as políticas em nível organizacional; Serviço: reconhecer e atender as necessidades de seguidores, clientes ou compradores.

Adaptado da obra *O poder da inteligência emocional - Como liderar com sensibilidade e eficiência* dos autores, Daniel Goleman, Richard Boyatzis e Annie McKee.

A inteligência racional é nossa capacidade de aprender algo técnico que depende do nosso poder de interpretação, análise, questionamento e julgamento de uso de algo em benefício próprio ou coletivo. Como, por exemplo, operar uma máquina, ferramenta, *softwares*, processos, normas, políticas etc. A inteligência racional serve como uma grande mantenedora das regras para viver e aprender em sociedade.

Existem outros tipos de inteligências, as quais recomendamos seus estudos: física (QP), racional (QI), emocional (QE) e espiritual (QS). Segue apenas um pequeno *briefing* sobre inteligência espiritual antes que você pense algo no âmbito religioso, que não é o caso.

Quando falamos das quatro inteligências, adentramos no campo da inteligência 4.0 ou inteligência espiritual. Stephen Covey escreve no seu livro *O oitavo hábito* que *"a inteligência espiritual é a central e mais fundamental de todas as inteligências, porque torna-se a fonte de orientação das outras três. A inteligência espiritual representa a nossa unidade de sentido e conexão com o infinito".*

A Inteligência Espiritual (SQ) deve ser compreendida como habilidades desenvolvidas ao longo da nossa vida. A autora norte-americana Cindy Wigglesworth, em seu livro *SQ21: The Twenty-One Skills of Spiritual Intelligence* (2012), retrata essas habilidades e como mensurá-las.

Convidamos você a analisar *A pirâmide da inteligência 4.0* e refletir sobre como está seu domínio nessas inteligências e como impactam na sua forma de sentir, pensar e agir. Perceba onde passa mais tempo e qual inteligência sente mais falta para progredir na vida pessoal e profissional.

A dica é procurar o equilíbrio, embora às vezes a vida nos condicione a operar em mais um nível do que outro. Perceber-se como estar e atuar para equilibrar-se é o caminho para uma vida mais plena. Pessoas que se encontram em equilíbrio podem fazer análises preventivas dos possíveis problemas, como, por exemplo, o impacto das mudanças que nem iniciaram ainda, pois percebem as nuances, inquietações, anseios e angústias dos impactados, e atuam com compaixão e empatia para gerar a "coragem, colaboração e confiança" necessárias à mudança.

Vamos aprofundar mais à frente os 3Cs positivos: coragem, colaboração e confiança.

2014 Deep Change, Inc. All rights reserved.

"Inteligência espiritual é a capacidade de se comportar com sabedoria e compaixão, mantendo a paz interior e exterior (equanimidade), independentemente da situação."
(Cindy Wigglesworth)

Acesse o site da autora e consultora e se aprofunde no tema: https://www.deepchange.com/about/meet_us

Em se tratando do desenvolvimento de competências, basicamente temos dois tipos: *upskilling* e *reskilling*.

Pela definição descrita no dicionário de Cambridge, *"reskill"*, significa "aprender novas habilidades para que você possa fazer um trabalho diferente". No caso de *"upskill"*, significa "aprender novas competências ou ensinar novas competências aos trabalhadores".

Então, *"reskilling"* é a requalificação das competências da pessoa que está empregada ou não, pois devido à automação, automatização, digitalização ou outra inovação, o seu trabalho deixará de existir. Essa pessoa precisará procurar outra ocupação, sendo necessário aprender outras habilidades, pois as que possui são insuficientes ou se tornaram obsoletas.

O *"upskilling"* é diferente. O trabalho da pessoa não deixou de existir, mas devido a alguma inovação, algo mudou nas atribuições e responsabilidades ou em alguma(s) etapa(s) do trabalho, sendo necessário a pessoa adquirir uma nova competência que não possui para continuar gerando resultados.

Tenha a certeza, se ainda não chegou, vai chegar o seu momento de *"reskilling"* ou *"upskilling"*. Talvez, ao finalizar a leitura do livro, você descubra qual é o seu caso.

Em sua Jornada de Desenvolvimento, fazemos você imaginar o impacto das tecnologias sobre a sua profissão, então ficará mais claro qual é o seu caso.

Como aplicar *reskilling* & *upskilling* na minha carreira:
1. Reconheça o cenário atual: quais os conhecimentos e habilidades que você já possui, faça um inventário de suas *hard* e *soft skills*;
2. Tenha clareza do desafio a ser superado ou da nova necessidade a ser atendida: sinergia e foco são fundamentais para desenhar uma trilha de aprendizagem;
3. Identifique o que ainda precisa ser aprendido: para levar você do cenário atual para o desejado, evite buscar culpados ou justificativas;
4. Busque boas fontes de aquisição de conhecimento: isso inclui pessoas que já superaram seus atuais desafios;
5. Seja protagonista de seu crescimento: dedique-se à aquisição do conhecimento que transformará você na pessoa capaz de realizar o que você veio fazer no mundo.

"Se você precisa de conhecimento, continue adicionando algo novo à sua mente todos os dias, mas se você precisa de sabedoria, continue apagando algumas coisas negativas de sua mente todos os dias."

Se você é empreendedor ou líder empresarial, gostaríamos de deixar algumas dicas para você aplicar *reskilling* e *upskilling* em sua empresa ou onde trabalha:

1. Faça treinamentos e palestras customizadas de acordo com o nível de escolaridade, tempo de experiência e ocupação profissional dos participantes;

2. Elenque os *gaps* de competências dos colaboradores, compreenda bem o seu modelo de negócio (estrutura organizacional, processos, normas, regras, políticas e sistemas de mensuração de resultados), estilo de gestão (comando, cobrança e controle ou autogestão com liberdade, autonomia e inovação), proposta de valor do cliente* etc. Isso faz parte da customização mencionada no item anterior. Esse diagnóstico gera uma maior probabilidade de engajamento e efetividade de colher resultados com a capacitação. Adultos se interessam por treinamentos que resolvam os seus problemas, dores do trabalho;

3. Sempre ao promover qualquer tipo de programa de treinamento busque responder antes a essas quatro questões:

- Quais problemas serão resolvidos pelos participantes pós-treinamento?
- Quais as mudanças de comportamento que os participantes terão pós-treinamento?
- Quais setores, áreas ou pessoas poderão dar um *feedback* da evolução dos participantes pós-treinamento?
- Quais indicadores de resultados dos participantes devem ser performados pós-treinamento? (aqui você mensura o ROI*)

4. Evite programas de treinamentos gerais colocando pessoas de níveis de liderança diferentes na mesma turma em sala de aula.

---

* Proposta de valor: "Proposta de valor é entendida como o conjunto de produtos e serviços que criam valor para um segmento específico de clientes." - Alexander Osterwalder.

Quanto mais homogênea for a turma, mais próximos os participantes se sentirão para colaborar, relacionar e trabalhar em grupos, pois os pares se atraem. Programas generalizados podem ocasionar desinteresse e desmotivação. Mas existem exceções, quando, por exemplo, as pessoas, em comum acordo e pelo nível de confiança existente, validam que é importante ter níveis de liderança distintos em sala de aula, pois faz parte da metodologia de ensino essa diversidade e troca de experiências entre os participantes;

5. Seja DIGITAL em educação. Forneça aprendizado síncrono e assíncrono. Tenha um Ambiente Virtual de Aprendizagem (AVA – plataforma de treinamento que seja *mobile*) e um ambiente físico (sala de aula ou auditório) que seja propício à facilitação dos seus treinamentos com todos os recursos instrucionais necessários;

6. Mensure o nível de satisfação dos participantes com a capacitação. Alguns pontos que devem ser analisados:

- Recursos disponibilizados – apostila, formulários, cases, vídeos etc.;
- Local – acesso, espaço físico, cadeiras, mesas, climatização etc.
- Domínio do facilitador com o tema;
- Relacionamento do facilitador com os participantes;
- Aplicabilidade do conteúdo no dia a dia de trabalho;
- Adequação da carga horária em relação ao conteúdo e prática;
- Qualidade do lanche servido;
- Espaço para críticas e recomendações.

PROPÓSITO

Finalizamos o pilar PENSAR com o propósito.

Antes de falarmos na definição de propósito e sua importância pessoal e organizacional, reflita sobre as questões a seguir em uma perspectiva pessoal e organizacional:

Pessoal:

1. Para que eu existo?

2. Qual a razão e sentido da minha vida?

Organizacional:

1. Por que os clientes compram nossos produtos e serviços? Qual o grande decisor de compra? (não vale como resposta: benefícios materiais e financeiros, atendimento, qualidade de alguma coisa)

2. Qual falta a minha organização faria no mundo se não existisse mais?

Caso você não saiba as respostas às questões no âmbito pessoal e organizacional, provavelmente você, a sua empresa ou onde trabalha não tenham um propósito. Quem tem propósito responde a essas questões com facilidade.

O propósito é justamente o "porquê" de existirmos. Com acento mesmo. É explicativo. Responde por que fazemos o que fazemos e como fazemos.

Quando temos um propósito, buscamos trabalhar e produzir um serviço ou produto em uma empresa que tenha a ver com nosso propósito. Quando não trabalhamos para alguém, e temos a nossa própria empresa, o sentido de propósito é o mesmo. O que eu faço e como faço é algo que vai impactar, deixar uma marca positiva em quem vai consumir. O propósito organizacional tem essa capacidade de gerar experiências marcantes em seus clientes. Tanto que as organizações que perceberam o propósito organizacional como um diferencial competitivo do seu negócio passaram a recrutar e selecionar candidatos inicialmente apenas com base na divulgação do seu propósito. Após essa triagem inicial, divulgam as outras etapas do processo seletivo.

CASO SHACKLETON

Vejam essa história bem curiosa e verídica que faz todo sentido com o que estamos comentando. É um grande *case* de liderança com propósito.

144 | CAPÍTULO 5

"Procuram-se homens para uma viagem perigosa. Pequenos salários, frio intenso, longos meses de completa escuridão, constante perigo, retorno seguro duvidoso. Honra e reconhecimento em caso de sucesso."

Esse foi o anúncio veiculado por Sir Ernest Shackleton, que fazia seu recrutamento e seleção de candidatos para uma expedição à Antártida em 1914. Shackleton era irlandês, seu pai um médico inglês renomado, mas ele rejeitou a medicina e resolveu entrar para a marinha mercante inglesa.

A Expedição Imperial Transatlântica deixou a Inglaterra em agosto de 1914, rumo a realizar a inédita façanha de atravessar a pé o continente antártico. Infelizmente, o que era para ser um grande feito virou uma luta pela vida. O navio de Shackleton, *Endurance*, ficou preso nas placas de gelo do mar de Weddell. A embarcação foi destruída pela gigantesca pressão exercida pelo gelo. A tripulação ficou à deriva por quase dois anos, vivendo acampada em gelo flutuante, sob frio extremo e sobrevivendo da alimentação de focas. Não tinha a mínima chance de resgate. Estava sem comunicação e seus equipamentos e roupas eram inadequados para a circunstância. Shackleton tomou a decisão de ir com uma pequena tripulação voluntária em busca de resgate. Enfrentou muitos dias no mar em um pequeno bote, onde passou por fortes tempestades, mas, felizmente, teve êxito. Em 30 de agosto de 1916, resgatou toda sua tripulação sem nenhuma baixa.

Alguns questionamentos: como Shackleton conseguiu fazer a tripulação não perder a esperança de ser resgatada? O que fez essa tripulação ficar unida em quase dois anos sob tantas condições adversas?

Apostamos que – além da criatividade e habilidades complementares – seus líderes e tripulação possuíam, para manter a mente ocupada, atividades lúdicas e operacionais de acampamento, por exemplo, buscando preservar a saúde mental, bem como garantir a alimentação para sobreviverem. O propósito foi um dos fatores determinantes para a união, coesão e autoconfiança da equipe, e a confiança em seu comandante, que também já era bem experiente com outras expedições.

Propósito está correlacionado a crenças e valores que condicionam a construção de caráter e integridade. Quando temos um grupo de pessoas que compartilham do mesmo propósito, criamos unicidade, sentimento de pertencimento e bem-estar, ou seja, uma cultura forte. Shackleton construiu essa cultura que iniciou em seu recrutar e selecionar.

Foram cerca de 5 mil pessoas que compareceram para disputar as vagas disponíveis. Os salários eram baixos, em média, US$ 500 por ano. Shackleton buscou entrevistar os candidatos em um processo minucioso para identificar competências técnicas e complementares da sua futura tripulação, mas, principalmente, a personalidade e o caráter. Ao divulgar o anúncio da vaga em um jornal inglês, mencionou o propósito, não o que fazer e como fazer, ou seja, as pessoas que leram o anúncio e atenderam ao chamado eram pessoas que se identificavam com os valores e legado a ser deixado em vida.

Hoje, a Expedição Imperial Transatlântica é estudada como um *case* de liderança com propósito em escolas de negócios e programas *in company* de líderes. É vista como uma das mais emocionantes jornadas de liderança do século XX, tendo um líder extraordinário e uma equipe diferenciada.

A questão sobre propósito é tão importante para o mundo dos negócios que os professores Rajendra Sisodia, Jagdish Sheth e David Wolfe, da Wharton School Publishing, fizeram um estudo bem criterioso, comparando os resultados das empresas com e sem propósito. Os resultados desse estudo, conceitos e práticas de empresas com propósito estão registrados no livro *Os segredos das empresas mais queridas*. Vale muito a leitura.

Vejam alguns resultados dessa pesquisa das empresas com propósito:

1. Tiveram resultado 10 vezes superior do que as empresas do S&P 500[*] entre os anos de 1996 e 2011;

2. Aumentaram a fidelização dos clientes;

---

[*] S&P 500 – É a abreviação de Standard & Poor's 500, ou simplesmente S&P, trata-se de um índice composto por quinhentos ativos cotados nas bolsas de NYSE ou NASDAQ, qualificados devido ao seu tamanho de mercado, sua liquidez e sua representação de grupo industrial. Fonte: Wikipédia.

3. A cultura foi fortalecida, pois os valores são percebidos nos comportamentos dos funcionários e principalmente da liderança;

4. Os líderes inspiram suas equipes. Existe uma grande admiração pela liderança;

5. Os funcionários possuem sentimento de pertencimento e são mais felizes. Os medos são anulados;

6. Os funcionários possuem "alma de dono" (agem como donos do negócio);

7. Aumento da credibilidade nas redes sociais;

8. Aumento da confiança entre os *stakeholders*, pois não priorizam alguns em detrimento de outros. Buscam gerar resultados para todos.

Algumas práticas das empresas com propósito:

1. Os salários de seus executivos são relativamente modestos;

2. Remunerações, salários e benefícios dos funcionários são significativamente mais altos do que o padrão da categoria;

3. Existe uma "política de portas abertas" entre os executivos e os funcionários. As pessoas possuem acesso a qualquer líder;

4. O treinar e desenvolver pessoas é uma das principais prioridades, onde se investe mais tempo e dinheiro do que a concorrência;

5. Dão autonomia, poder para resolver os problemas dos clientes em busca de um maior nível de satisfação;

6. Recrutam e selecionam candidatos com base no propósito e valores. Apenas ter *expertise técnica* não é suficiente ou o fator decisivo de contratação. Também buscam identificar se os candidatos são apaixonados pela empresa e seus produtos;

7. Proporcionam uma jornada do cliente e dos funcionários mais humanizada. O ambiente, processos e políticas para os clientes e de trabalho para os funcionários é o mais intimista e acolhedor possível;

8. Buscam criar vínculos emocionais com seus clientes. Prezam por relacionamento próximo para atender às reais necessidades dos clientes. Isso faz com que conquistem o coração dos clientes e, consequentemente, seu poder de compra;

9. O investimento em *marketing* é mais baixo do que a concorrência, haja vista que seus clientes fazem propaganda gratuita pelo nível de satisfação e confiança conquistado;

10. Fornecedores são vistos como parceiros e as relações comerciais são ganha-ganha, ou seja, a negociação deve ser satisfatória para ambos. Existe também uma preocupação no desenvolvimento da empresa fornecedora, pois a visão é que um fornecedor desenvolvido faz o comprador se desenvolver também. Os fornecedores, em contrapartida, têm uma postura de zelar pela melhoria contínua da parceria;

11. Possuem altos padrões normativos de operação em toda a cadeia produtiva, até a entrega do produto ou serviço ao cliente; mesmo que em alguns países não seja exigido um rigoroso padrão, essas empresas praticam;

12. A cultura organizacional é vista como um ativo estratégico e fonte de vantagem competitiva.

***Cases* de empresas com propósito:**

1. A Southwest Airlines possui um "Comitê de Cultura" onde os funcionários são responsáveis por projetos, ritos e símbolos para manter e aprimorar a singularidade da empresa;

2. A Patagonia busca recrutar e selecionar candidatos que sejam apaixonados por alpinismo;

3. A Whole Foods capta funcionários no nicho de formadores de opinião e apreciadores de comidas, bebidas e *gourmets*;

4. A Honda, quando possui um problema grande para resolver, ativa um processo chamado "waigaya", "suspensão temporária dos protocolos sociais com base na posição hierárquica que alguém ocupa dentro da empresa". Dessa forma, é possível que funcionários dos

cargo mais baixos no organograma da empresa apresentem pessoalmente sua proposição de solução ao problema para os executivos nos cargos mais altos;

5. Na Harley-Davidson, todos os funcionários têm a liberdade para a qualquer momento propor melhorias ou soluções em âmbito organizacional aos cargos mais altos da empresa.

Empresas com propósito possuem um capitalismo consciente

Segundo o Instituto Capitalismo Consciente Brasil, que é o representante oficial do Conscious Capitalism Inc., o capitalismo consciente "é um movimento global que se originou nos Estados Unidos e que tem como objetivo elevar a consciência das lideranças para práticas empresariais baseadas na geração de valor para todos os *stakeholders*. E aqui não se trata de valor somente financeiro. Empresas que atuam alicerçadas nos pilares do Capitalismo Consciente – Propósito Maior, Cultura Consciente, Liderança Consciente e Orientação para *Stakeholders* – geram também valor intelectual, físico, ecológico, social, emocional, ético e até mesmo espiritual a todas as partes interessadas do negócio, sem prejuízo à geração de lucros a investidores e acionistas". Continua: "Uma relação equânime, de longa duração e com raízes fundamentadas no que se convencionou chamar de capitalismo de *stakeholders*, termo cunhado nos anos 1980 por R. Edward Freeman, professor de negócios da Universidade da Virgínia, para designar o papel das empresas em relação às pessoas, à sociedade e ao planeta, no sentido de mitigar seus impactos, enquanto gera riqueza e bem-estar para todos".

> *"O Capitalismo Consciente acredita que ao aliar o capitalismo de stakeholder a um propósito maior, as empresas definem suas jornadas e conseguem atuar de forma diferenciada rumo às métricas ESG em mercados altamente competitivos, encantando clientes, engajando colaboradores, respeitando fornecedores e o meio ambiente. Tudo isso de forma ética e sustentável."* *

---

* Fonte: https://ccbrasil.cc/sobre/

O infográfico a seguir retrata os pilares do capitalismo consciente e suas definições:

PROPÓSITO MAIOR	**ORIENTAÇÃO PARA STAKEHOLDERS**
O propósito de uma empresa deve ser muito mais do que simplesmente gerar lucros; é a causa pela qual a empresa existe.	Um negócio deve gerar diferentes valores para todas as partes interessadas, os chamados *stakeholders*.
CULTURA CONSCIENTE	**LIDERANÇA CONSCIENTE**
É a incorporação dos valores, princípios e práticas subjacentes ao tecido social de uma empresa. Ela conecta os *stakeholders* uns aos outros e também ao seu propósito, pessoas e processos.	Os líderes conscientes são responsáveis por servir ao propósito da organização criando valor para todos os seus *stakeholders* e cultivando uma Cultura Consciente de confiança e cuidado.

Recomendamos o aprofundamento sobre o conceito e práticas para o exercício de um capitalismo mais consciente no site do instituto.

Mas como construir um propósito? Recomendamos a metodologia do "Círculo Dourado" (Golden Circle), de Simon Sinek.

Simon Sinek é autor do livro *Start With Why: How Great Leaders Inspire Everyone to Take Action,* que em português recebe o título de "Por quê? Como grandes líderes inspiram ação".

Sinek ficou mundialmente conhecido quando, em uma palestra na TEDx[*], que viralizou, profetizou: "As pessoas não compram o que você faz, elas compram porque você faz isso!". O que o autor e palestrante quis dizer com isso é que, quando você produz e serve algo em que acredita e que pode mudar o meio que vive, isso acaba se conectando com pessoas que se identificam com o seu posicionamento, ideologia, valores e propósito.

Os clientes da nova economia, principalmente a geração Y e Z (vide o capítulo em que falamos sobre as gerações), são os mais conectados, entusiastas e consumidores de marcas que atrelam seus produtos e serviços a um propósito, servem a uma causa. São marcas mais conscientes sobre "por quê", "como" e "o quê" fazem.

É justamente sobre esses três pontos, "por quê", "como" e "o quê", que é simplicista, mas poderoso, que Simon Sinek se debruça e defende que as empresas devem investir tempo para identificar e direcionar sua estratégia, estilo de gestão e liderança, cultura organizacional.

O círculo dourado é retratado de forma muito didática. Observe o seu formato e significado das partes:

---

[*] TEDx - É uma série de conferências realizadas na Europa, na Ásia e nas Américas pela Fundação Sapling, dos Estados Unidos, sem fins lucrativos, destinadas à disseminação de ideias – segundo as palavras da própria organização, "ideias que merecem ser disseminadas". Fonte: Wikipédia.

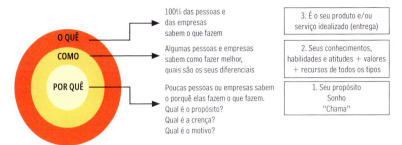

Fonte: Adaptado do "Círculo Dourado" (Golden Circle), Simon Sinek.

Na velha economia, as empresas funcionavam como máquina em busca do melhor resultado. Na nova economia, as empresas funcionam como um organismo vivo em busca de proporcionar as melhores emoções aos seus clientes. Ganhar dinheiro não é mais suficiente, as empresas devem conquistar o coração das pessoas.

Faça a atividade sobre o "círculo dourado" em sua Jornada de Aprendizagem. Você pode fazer em uma perspectiva apenas pessoal, caso não seja dono de um negócio.

AGIR

Ninguém demite ninguém. Ninguém promove ninguém. As pessoas se demitem ou se promovem.

O pilar AGIR é retratado muito na frase anterior. Sem ação, você se demite na vida. Com ação, você se promove na vida. Quando falamos sobre vida, é a vida nas perspectivas pessoal e profissional. Essa demissão ou promoção é o que você perde ou ganha. É o sucesso ou fracasso em uma promoção, em um novo cargo na empresa que trabalha ou mesmo a oportunidade de uma viagem com quem se ama, por exemplo.

As nossas possibilidades de conquistas estão correlacionadas ao pilar AGIR. Faz parte do agir, colocar em prática inicialmente o pilar SENTIR e depois o pilar PENSAR. Esse é o esforço necessário e temos consciência do grau de dificuldade, pois tudo isso acontece quase que de imediato.

152 | CAPÍTULO 5

A tríade dos pilares SENTIR, PENSAR e AGIR é poderosa. Essa tríade permite que tenhamos mais equilíbrio e sabedoria para nos desenvolvermos e desenvolver os outros.

Pense agora em qualquer situação adversa em sua vida que gerou algum conflito negativo, desgastes, estresse. Procure a causa. Quando encontrar, pode analisar, e verá que essa causa se enquadra em um dos pilares da tríade.

Você pode ter sentido, mas não pensou e não agiu. Ficou apenas no sentimento. Você pode ter pensado, mas não sentiu e agiu. Ficou apenas no pensamento. Você pode ter agido, mas não sentiu e pensou. Ficou no automático. Enfim, tivemos insucesso ou o sucesso não foi completo.

Observe que fizemos uma reflexão apenas do ponto de vista de um pilar sendo executado para dois não executados, mas poderia também ser de dois pilares sendo executados para um pilar não executado, ou seja, os pilares devem ser executados quase que a contento. As linhas de execução dos pilares são muito tênues, mas é assim que devemos procurar executar – sentir, pensar e agir. Ao fazer uso dos três pilares, temos uma maior probabilidade de êxito no que fazemos. Mesmo errando, podemos aprender com os erros, nos aprimorando e seguindo adiante, como vimos nos pilares SENTIR e PENSAR, portanto, é imprescindível AGIR.

RECAPITULANDO A DEFINIÇÃO DO AGIR

O AGIR é basear o uso do tempo, comportamentos, relacionamentos e decisões no sentir e pensar. É priorizar o tempo no que realmente gera valor para si próprio e ao outro. Gerar valor é tudo que proporciona aprendizado, crescimento e resultado. É se comportar, relacionar e decidir de acordo com as nossas crenças, valores, inteligências e propósito, impactando pessoas e ambiente, mesmo que isso gere um desconforto em nós e nos outros inicialmente ou durante algum tempo.

Quando vamos agir, agimos em função da nossa hierarquia de valores. O nosso nível de consciência dos valores nos diz o que priorizar. Priorizamos o que valorizamos. A seguir, alguns itens influenciados por exemplos de valores:

- Tempo – onde invisto mais tempo: família, amigos, trabalho, estudos etc.
- Dinheiro – onde gasto mais dinheiro: lazer, saúde, educação, viagens, família, profissão, empresa etc.
- Tomada de decisão – onde baseio minhas escolhas: honestidade, amor, meritocracia, foco no cliente, ética etc.
- Relacionamentos – onde baseio minhas relações: confiança, compaixão, empatia, conhecimento etc.

Os valores fazem parte do "como" no "círculo do ouro", apresentado no pilar PENSAR. É necessário fazer uma análise se os seus valores estão correlacionados com o seu "porquê", ou seja, seu propósito. Afinal, os valores têm uma forte influência em conjunto com nossos sentimentos e emoções na tomada de decisão. Os valores nos ajudam a nortear as decisões.

COMANDO, COBRANÇA E CONTROLE X CORAGEM, COLABORAÇÃO E CONFIANÇA

Em nossa consultoria, ao longo de uma década, conduzimos vários diagnósticos em projetos de liderança com o objetivo de identificar os *gaps* de competências comportamentais e técnicas que impediam a liderança de gerar resultados, independentemente do seu nível de atuação – operacional, tático ou estratégico.

No decorrer dos projetos, tínhamos checagens, ou seja, mais diagnósticos, que identificavam três níveis de desenvolvimento da liderança: progredir, estagnar ou regredir.

Progredir eram os líderes que evoluíam na eliminação de seus *gaps* e desenvolviam novas competências com os *workshops*, mentorias e *coaching*, embasados por um plano de desenvolvimento individual. Estagnar eram os líderes que permaneciam do mesmo jeito que iniciaram o programa. Não possuíam nenhuma eliminação de *gaps* ou aprendizado de novas competências. Regredir eram os líderes que aumentavam seus *gaps* de competências e, óbvio, não aprendiam nenhuma nova competência.

Buscamos investigar as diferenças entre os níveis, progressão, estagnação e regressão. Dedicamos nosso tempo e energia inicial aos líderes estagnados e regressos. Quando fizemos nossas análises e contrapontos dos três níveis, um questionamento nos tomou – "o que fazia uma organização desenvolver mais rapidamente os seus líderes do que outras?"

A ideia agora era descobrir o que imprimia a velocidade da mudança para os líderes se desenvolverem mais rápido em competências técnicas e comportamentais, bem como na mudança de crenças e valores, e consequentemente gerarem mais resultados juntamente com a suas equipes.

Por mais que o nosso time de consultores fosse excelente no antes, durante e depois da facilitação dos módulos, tendo todo cuidado com o planejamento, organização e execução do programa de desenvolvimento, que sempre era customizado de acordo com a estratégia, cultura e modelo de gestão da empresa cliente, o que descobrimos que realmente fazia a diferença no desenvolvimento dos participantes do programa era a inter-relação no pós-módulo com os seus superiores, que também participavam do programa. Nós, enquanto consultores, recomendávamos essa inter-relação e esperávamos os resultados. De fato, essa troca de conhecimento e aprendizagem da sala de aula para o dia a dia de trabalho com seus superiores gerava uma "liga" que facilitava a consolidação da mudança. Tudo era importante no programa de desenvolvimento, mas essa tratativa de aproximação, diálogo, mentoria e *coaching* dos superiores acelerava o processo.

A questão era que essa tratativa na mesma organização com alguns líderes participantes do programa não funcionava, pelo contrário, ao invés de evoluir, o participante estagnava ou regredia, ou pior, pedia demissão da empresa. Então fomos investigar e descobrimos que a diferença estava em algumas competências-chaves dos superiores que facilitavam ou dificultavam o processo.

O curioso é que os líderes superiores que facilitavam o processo, além de ajudarem a consultoria no desenvolvimento das competências dos participantes do programa, conseguiam imprimir um "ciclo de criatividade" que o liderado vivenciava na organização, e consequentemente se tornava mais engajado e produtivo. Infelizmente, também descobrimos o oposto do "ciclo de criatividade". O "ciclo de reatividade", que tanto contribuía para estagnar ou regredir no desenvolvimento dos participantes, como para serem demissionários.

As competências dos líderes superiores que tanto aceleravam o desenvolvimento dos líderes participantes do programa como geravam o "ciclo de criatividade" são a **coragem, colaboração e confiança**. Em contrapartida, as competências dos líderes superiores que desaceleravam o desenvolvimento dos participantes do programa e geravam o "ciclo de reatividade" são o **comando, a cobrança e o controle**.

Salientamos que o comando, a cobrança e o controle em alguns segmentos são imprescindíveis, como é o caso das empresas de energia nuclear e companhias aéreas. Mas podemos ensinar as pessoas a fazer a autogestão, e nesse ínterim usarmos com equilíbrio o comando, a cobrança e o controle.

Acreditamos que podemos gerar a autogestão e a autoliderança nas pessoas, desenvolvendo um ambiente de coragem, colaboração e confiança, a partir do momento que os líderes passam a ter a coragem, colaboração e confiança como competências praticadas no dia a dia com suas equipes, pares e superiores.

Em resumo, as empresas que tinham os melhores resultados e pessoas engajadas eram as empresas com líderes que possuíam CORAGEM, COLABORAÇÃO e CONFIANÇA. Em contrapartida, as empresas com resultados insatisfatórios e pessoas desengajadas tinham líderes com excesso de COMANDO, COBRANÇA e CONTROLE.

Durante a análise e interpretação dos resultados das pesquisas (quantitativa e qualitativa), comprovamos que as pessoas, quando lideradas por líderes que transmitiam apoio moral, vulnerabilidade e segurança psicológica, sentiam CORAGEM. A coragem para fazer o que precisava ser feito. Quando esses mesmos líderes transmitiam empatia e trabalho em equipe, e exerciam a mentoria e o *coaching*, as pessoas sentiam a COLABORAÇÃO. A colaboração de entregar o seu melhor, independentemente de sozinho ou com outros. Caso esses líderes transmitissem integridade, aceitação em diversidade e abertura para dar e receber *feedback*, as pessoas sentiam CONFIANÇA. A confiança em seguir o líder e, principalmente, a autoconfiança. Essas competências instalam um ciclo de criatividade.

O oposto de todas essas competências era gerado quando os líderes praticavam em excesso o COMANDO, a COBRANÇA e o CONTROLE. A necessidade de demonstrar o poder, saber de tudo e sobre todos, ser tudo para ontem e do seu jeito, a vaidade de ser respeitado, e ser melhor do que os demais em tudo, afastava as pessoas, instalando um ciclo de reatividade, acarretando insatisfação, estresse, negação ao líder e trabalho a ser feito e, por fim, a inércia.

A seguir, o infográfico dos ciclos:

Como gerar um ambiente de coragem, colaboração e confiança? Essa é a pergunta que você deve estar se fazendo. A resposta é: desenvolva as competências do ciclo de criatividade. A criação de novos resultados começa em você.

Coragem:
1. **Apoiar moralmente:** é estar próximo, fisicamente e emocionalmente. Apoiar com comportamentos e palavras adequadas à situação. Guarnecer com palavras positivas. Às vezes, apenas a presença é o suficiente sem precisar falar nada;
2. **Vulnerabilidade:** é ter a coragem de apresentar seus pontos fracos, fragilidades, sentimentos e emoções. Suas necessidades. É encarar

os erros como aprendizados da vida. É saber que não sabe tudo e se permitir ser complementado por outros;

3. Segurança psicológica: é permitir que as pessoas sejam quem realmente elas são em sentimentos, pensamentos e ações. É fazer com que as pessoas se sintam à vontade para externar suas satisfações e insatisfações, suas ideologias e aspirações, colocando em prática a sua experiência ou desejo de aprender sem preocupação com julgamentos e indução à culpa e penalidades.

Colaboração:

1. Empatia: é vivenciar os sentimentos e emoções positivas ou negativas do próximo. É sentir e compreender o que o outro sente em situações que você passou ou imagina passar um dia;

2. Trabalhar em equipe: é colocar a mão na massa sempre que for necessário. É ajudar no que for preciso. É facilitar o processo e harmonia para o trabalho fluir. É se perceber mais como um membro do time do que o líder do time;

3. Mentor e *coaching*: ser mentor é direcionar o caminho a seguir e como fazer para chegar ao objetivo, porque tem experiência nessa jornada. O mentor transforma o difícil em fácil. Ensina e forma as pessoas. Ser *coaching* é fazer as perguntas certas para as pessoas se perceberem por conta própria das decisões que devem tomar para resolver ou superar seus problemas. É fazer as pessoas refletirem sobre como estão e como poderiam estar se mudassem suas crenças, valores, propósito, comportamentos e atitudes. O *coaching* ajuda as pessoas a encontrar as respostas que precisam para os seus questionamentos.

Confiança:

1. Integridade: é agir como fala. É a coerência entre o que se diz e faz. É tomar suas decisões de acordo com os valores que defende, preza e acredita.

2. Aceitação: é ter a diversidade em todos os sentidos, respeitando e aceitando as pessoas como elas são em nacionalidade, naturalidade, cor da pele, sexualidade, religião, política etc.;

3. Abertura: é estar aberto a dar e receber *feedback*. É praticar o *feedback* de forma periódica e sempre que houver necessidade.

Quando estamos alinhados ao sentir, pensar e agir, nos encontramos em CORPO, MENTE e ALMA, e as pessoas que estão próximas a nós sentem essa conexão. Vejamos:

1. Corpo: é a nossa doação e entrega ao próximo. É estar ou fazer juntos. É a proatividade, participação e integração com outros em qualquer ambiente e situação;

2. Mente: é o interesse em aprender com os outros o que não sabemos e colocar em prática. É o que sabemos e ensinamos para ver os outros colocarem em prática. É ser formado e formar outros;

3. Alma: é o sentimento e desejo de bom grado em tudo o que fazemos. É nossa linguagem verbal e corporal positiva. É ter o brilho no olhar e amor pelo que faz.

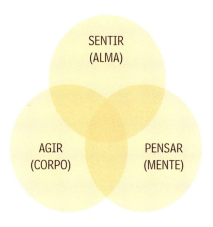

Esperamos que essa tríade em toda sua amplitude faça você usar o máximo de potencial da sua singularidade, independentemente dos contextos encontrados e desbravados.

Carpe diem! Viva o agora. Aproveite o dia!

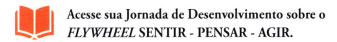 **Acesse sua Jornada de Desenvolvimento sobre o *FLYWHEEL* SENTIR - PENSAR - AGIR.**

CAPÍTULO 6

O DETALHAMENTO DO FLYWHEEL

SENTIR – PENSAR – AGIR

No nosso Método SPA/ CFE, o primeiro dos *flywheels* é composto do Sentir, Pensar e Agir, e o segundo da Clareza, Foco e Execução. Entre os dois *flywheels*, estão os alavancadores, a Antecipação, a Adaptação e Aprendizagem que ajudarão a girar os *flywheels*.

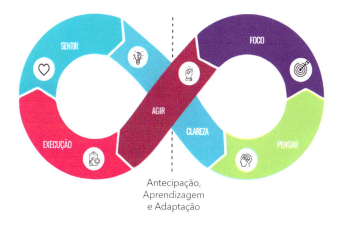

Antecipação, Aprendizagem e Adaptação

Vamos agora conhecer em detalhes os componentes do primeiro *flywheel* – Sentir, Pensar e Agir.

No capítulo anterior, já conversamos bastante sobre nossos componentes do primeiro *flywheel*, que é composto do Sentir, Pensar e Agir – SPA. Analisamos anteriormente os componentes isoladamente, depois vimos como eles interagem para promover o sucesso e a prosperidade – pois os três componentes formam o círculo mágico da criação, que envolve sempre sentimento, ideia e ação – e constatamos que existe uma estreita correlação entre eles, de tal forma que, quando um deles é acionado, desencadeia reação nos demais.

Vamos ver agora o detalhamento do *flywheel*. O Sentir é composto pelo Potencial, Dificuldades e Comprometimento (PDC). Os seus sentimentos em relação ao Potencial devem ser: que você tem muito mais potencial do que imagina; que tudo é possível, sonhe grande; e acreditar que existem muitas oportunidades neste novo mundo. Já em relação às Dificuldades, devem ser: medo quando eleva suas ações a novos níveis; não se incomodar com as críticas; que o desconforto faz parte da jornada. E, por fim, com relação ao Comprometimento devem ser: ame os desafios e mudanças; aprimore-se continuamente; e saiba que o que interessa são os resultados.

POTENCIAL:
VOCÊ TEM MUITO MAIS POTENCIAL DO QUE IMAGINA

> "O que importa não é o que fazemos de vez em quando, mas sim nossas ações contínuas... Nossas decisões – e não as nossas condições de vida – determinam nosso destino."
>
> **(Anthony Robbins)**

Potencial é relativo à potência, indica assim a capacidade latente, aptidão iminente, talento futuro disponível a ser explorado. O potencial de alguém se mostra pela sua facilidade ou dificuldade de aprender sobre o tema, incorporar no seu repertório e aplicar assim no dia a dia. Quando o assunto ou a competência requerida fazem parte da natureza do indivíduo, esse aprendizado é mais fácil, rápido e, de fato, muito prazeroso. Da mesma forma, o contrário é verdadeiro. O fato que você tem que lembrar é: o seu potencial é maior do que você imagina. Podemos citar inúmeros exemplos de pessoas que superaram desafios, problemas, dificuldades, mas no fim conseguiram gerar resultados para suas vidas e famílias.

Quero ilustrar este componente com a história de Louis Zamperini, que recentemente foi contada no filme *Invencível*, dirigido por Angelina Jolie. O texto a seguir do escritor e roteirista M.R. Terci mostra em detalhes como nós temos muito mais potencial do que imaginamos.

> *"Nas Olimpíadas de Inverno de Nagano, em 1998, uma cena chamou a atenção do mundo e, certamente, ficou para sempre marcada na memória de todos como um dos momentos mais emocionantes de todos os jogos. O ex-corredor olímpico Louis Zamperini, que representou os Estados Unidos nas Olimpíadas de 1936, em Berlim, aos 80 anos de idade, carregou a tocha olímpica durante a cerimônia de abertura.*
>
> *Correndo, sorridente e acenando para o público que acompanhava as festividades, Zamperini cumpria a promessa que fizera muito tempo antes de sua carreira ser interrompida pela Segunda Guerra Mundial.*
>
> *Aos 19 anos, ele já era o mais jovem americano a se qualificar para essa modalidade e um dos mais promissores talentos do atletismo mundial. Louis Zamperini mostrava assim que poderia brilhar nos próximos jogos, previstos para Tóquio, em 1940. No entanto, essa edição das Olimpíadas nunca aconteceu, por conta da Segunda Guerra Mundial.*
>
> *No livro, Louis recorda o seu último pensamento antes de o avião atingir a água com violência: 'Ninguém vai conseguir sobreviver a isso'. Estava enganado. O piloto, Phil, e o artilheiro da cauda, Mac, estavam à superfície quando ele emergiu.*

Os três homens instalaram-se como puderam em duas balsas salva-vidas e prepararam-se para aguardar o salvamento. Infelizmente o resgate norte-americano nunca veio. Nessa época, apenas uma pequena percentagem dos resgates realizados no Pacífico era coroada com êxito. Mas Louis Zamperini decidiu que esse era apenas um novo recorde para bater.

Durante semanas, os três homens resistiram ao sol, ao mar e ao desespero, beberam água da chuva, comeram aves e peixes que apanhavam e enxotaram tubarões igualmente famintos que a todo momento investiam contra as balsas. Até o dia em que um avião japonês os detectou. Por três vezes o caça inimigo mergulhou e metralhou as balsas. Nos dois primeiros ataques, Louis mergulhou para baixo da balsa, por entre os tubarões, enquanto seus companheiros ficaram na superfície. As balas acertaram em todo o lado menos no pequeno espaço onde estavam. Havia 48 buracos de bala no bote. Na ocasião, comentou: 'Se os japoneses continuarem atirando assim, vamos ganhar a guerra'. Outro milagre, mas apenas uma das balsas resistiu. Com remendos e manobras, conseguiram mantê-la flutuando.

Mac morreu, ao 33º dia de sofrimento. Uma infindável calmaria antecedeu o pior, e após dias de martírio e quase morrerem de sede, um enorme tubarão branco atacou a balsa. Escaparam por pouco, mas isso era apenas o prenúncio do pior. Naquela noite, um tufão chegou àquela latitude. Ondas gigantescas jogavam a pequena balsa para os céus, relâmpagos atravessavam suas vistas fatigadas e, então, novamente desciam aos abismos oceânicos, sem jamais saber se novamente voltariam a subir. E durante toda a madrugada e parte da manhã, Louis e Phil lutaram contra o maior dos inimigos: a vontade de desistir e se entregar. Eles não sabiam, mas nos EUA já eram dados como mortos.

Quarenta e sete dias se passaram, e próximos às Ilhas Marshall, a mais de 1.700 milhas marítimas do local da queda, foram resgatados. Infelizmente, por militares japoneses. Daí ambos passam 43 dias em Kwajalein – conhecida como Ilha da Execução –, local onde os prisioneiros norte-americanos eram levados para serem decapitados a golpe de katana.

Zamperini pesava pouco mais de 30 quilos a essa altura, dormia no chão da cela, com a cabeça no buraco da fossa. A diarreia que o atormentava era uma benesse, porque os únicos momentos em que era autorizado a tirar a ca-

beça da entrada do buraco era quando se agachava sobre ele para descarregar os intestinos. A água consumida era imunda. Eram mantidos separados e alimentados com pequenas porções de arroz atiradas no chão das celas.

Em setembro de 1944, Zamperini foi separado do amigo e transferido para Omori, um campo perto de Tóquio. Lá, conheceu Mutsuhiro Watanabe, um psicopata que torturava sadicamente, física e emocionalmente, os prisioneiros.

Assim que o oficial percebeu que Zamperini era um herói no seu país, Watanabe, conhecido como O Pássaro, assumiu a missão de transformar num inferno a vida do seu prisioneiro número um.

Louis era, assim, o seu alvo favorito. Agressão após agressão, humilhação em cima de humilhação. Quando o Pássaro exigia que Zamperini o olhasse nos olhos, descobria ódio profundo, em vez de submissão, e redobrava a tortura.

Mas ele sobreviveu.

Acima de qualquer episódio de sua vida, O Pássaro marcou a vida de Zamperini. Com o fim da guerra, mesmo após ser libertado, Louis revivia em seus pesadelos, noite após noite, aqueles momentos de dor e horror. Nos EUA, ele se casou, teve uma filha, mas a família já se desintegrava porque Louis bebia demais e arquitetava planos de voltar ao Japão e assassinar Watanabe. Um dia, em outubro de 1949, arrastado pela mulher, foi assistir a um sermão do pregador evangelista Billy Graham, e de um momento para o outro, Louis percebeu que estava em paz.

Aos 80 anos de idade, quando foi convidado para transportar a tocha olímpica dos Jogos Olímpicos de Inverno em Nagano, em 1998, reencontrou todos os guardas de Omori, exceto Watanabe, que se recusou a vê-lo, talvez, por não suportar olhar em seus olhos.

'Reencontrá-los foi o dia mais feliz da minha vida', conta Louis no livro de Laura Hillenbrand, lançado, em 2011, com o título Invencível. Um livro com mais de 500 páginas, repleto de histórias emocionantes e inspiradoras. Louis morreu em paz, na presença de toda a sua família, em 2 de julho de 2014, aos 97 anos de idade, em sua casa em Los Angeles, Califórnia."

Podemos dizer que Louis era resiliente, obstinado, enfim, INVENCÍVEL. Mas aquela criança que achava que não tinha potencial, e que foi incentivada por seu irmão mais velho, tinha um grande potencial, transformou esse potencial em vitórias na carreira e na vida. Todos nós temos um potencial dentro de nós mesmos maior do que imaginamos.

"Nosso maior medo não é sermos inadequados. Nosso maior medo é não saber que nós somos poderosos, além do que podemos imaginar.

É a nossa luz, não nossa escuridão, que mais nos assusta. Nós nos perguntamos: 'Quem sou eu para ser brilhante, lindo, talentoso, fabuloso?'

Na verdade, quem é você para não ser? Você é um filho de Deus.

Você, pensando pequeno, não ajuda o mundo. Não há nenhuma bondade em você se diminuir, recuar para que os outros não se sintam inseguros ao seu redor.

Todos nós fomos feitos para brilhar, como as crianças brilham. Nós nascemos para manifestar a glória de Deus dentro de nós. Isso não ocorre somente em alguns de nós, mas em todos.

Enquanto permitimos que nossa luz brilhe, nós, inconscientemente, damos permissão a outros para fazer o mesmo.

Quando nós nos libertamos do nosso próprio medo, nossa presença automaticamente libertará outros."

(Marianne Williamson, *A Return to Love*, 1992. Nota: a autoria do pensamento tem vindo a ser erroneamente atribuída a Nelson Mandela.)

POTENCIAL: TUDO É POSSÍVEL, SONHE GRANDE!

"Tire um momento, agora mesmo, para sonhar e pensar no que realmente quer da vida."
(Anthony Robbins)

O que impede você de atingir seus sonhos? Sonhar grande é fantástico e permite que realize conquistas grandiosas, contudo, para que isso se concretize, é fundamental que a sua audácia seja combinada com doses de realidade, ousadia, para que trace objetivos grandiosos, possíveis, ou mesmo que naquele momento pareçam impossíveis. Não poderia escolher melhor uma frase para iniciar este componente do que a citada pelo empreendedor Ozires Silva, fundador da Embraer: *"Me diziam que nunca conseguiria fabricar aviões em um país que não produzia nem bicicletas"*.

Ozires Silva, no seu livro *Cartas para um empreendedor*, conta com detalhes todos os desafios enfrentados para fundar no Brasil uma fábrica de aviões, quando no nosso país não se fabricava nem bicicletas, eram todas importadas. Aquele Sonho Grande do Dr. Ozires, como é carinhosamente chamado, tornou-se não só realidade, mas deixou um legado de uma companhia brasileira que é a maior produtora de jatos médios do mundo.

- Sonhar grande é buscar algo maior que si.
- Sonhar grande é ter objetivos de longo prazo que realmente desafiem você a chegar mais longe.
- Sonhar grande é ter paixão pelo seu propósito.
- Sonhar grande não é só fazer o que gosta, mas sim fazer o que tem consciência de que é importante!

POTENCIAL: EXISTEM MUITAS OPORTUNIDADES NESTE NOVO MUNDO!

Uma das características mais marcantes da Nova Economia é considerar, em primeiro lugar, as necessidades do cliente, o que vem trazendo oportunidades de crescimento para profissionais e empresas dispostas a inovar e a se adaptar com agilidade. Esses últimos anos aceleraram o processo de transformação digital de empresas e fizeram com que profissionais refletissem sobre o futuro do trabalho. Com isso, muitas pessoas têm apostado em uma transição de carreira, buscando entender quais são as profissões do futuro, e isso pode ser uma grande oportunidade. Note que, como falamos anteriormente, sempre existem muitas oportunidades nas mudanças de mercado.

Esteja atento aos maiores problemas do mundo, pois são iguais às maiores oportunidades. Se você está interessado em crescer, gerar riqueza e impactar o mundo, este momento é perfeito. Inspire-se, levante-se do conforto do seu sofá e vá criar uma carreira de sucesso e prosperidade. Está nas suas mãos! A escolha é sua!

> **"O futuro pertencerá àqueles que tiverem automotivação para tirar vantagem de todas as ferramentas e fluxos, gratuitos e baratos, que chegam até nós vindos da supernova."**
> **(Marina Gorbis, Instituto para o Futuro)**

Ainda dentro do primeiro componente do *flywheel* do Método SPA/CFE, vejamos agora os seus sentimentos sobre as Dificuldades. Eles são: o medo quando eleva suas ações a novos níveis; não se incomodar com as críticas; e que o desconforto faz parte da jornada.

DIFICULDADES: O MEDO QUANDO VOCÊ ELEVA SUAS AÇÕES A NOVOS NÍVEIS!

Como vimos no capítulo anterior, todos nós temos dois níveis de desempenho: o nível atual e o nível ideal. Sair do nosso padrão do dia a dia que estamos habituados gera uma sensação de medo. A busca da maestria é um "quase" contínuo e permanente, segundo Sarah Lewis no seu livro *O poder do fracasso*. "Senhor, conceda-me a graça de sempre desejar mais do que posso alcançar", implorava Michelangelo.

Para corroborar o que estou dizendo sobre este tópico, no livro *10X – a regra que faz a diferença entre o sucesso e o fracasso*, o autor Grant Cardone comenta: "Cedo ou tarde, você vai sentir medo quando elevar suas ações a novos níveis. Na verdade, se não sentir, provavelmente não está agindo tão certo assim. O medo não é ruim, nem algo a ser evitado; ao contrário, você deve correr atrás dele e senti-lo. O medo é, na verdade, um sinal de que você está fazendo o que é necessário para ir na direção certa. A ausência de preocupação significa que você não saiu da sua zona de conforto – e isso só vai trazer mais do que você já tem atualmente. Pode parecer estranho, mas você quer ter medo até que tenha que se esforçar para chegar a novos níveis e sentir medo novamente. Na verdade, o que me assusta é a falta do medo".

Quando você tiver medo, recuse a alimentá-lo com tempo e permitir que ele se torne mais forte. Como diz o ditado, "vá pra cima!", pois a ação cura o medo. O medo é uma das emoções mais devastadoras, pois ele imobiliza as pessoas e evita que atinjam seus objetivos e sonhos.

DIFICULDADES: NÃO SE INCOMODAR COM AS CRÍTICAS!

> "A crítica é fútil, porque coloca um homem na defensiva, e, comumente, faz com que ele se esforce para justificar-se. A crítica é perigosa, porque fere o precioso orgulho do indivíduo, alcança o seu senso de importância e gera o ressentimento."
> (Dale Carnegie)

Crítica é uma opinião ou juízo de valor. É a análise, feita com maior ou menor profundidade, de qualquer produção intelectual (de natureza artística, científica, literária etc.). Trata-se de uma opinião, avaliação ou julgamento sobre algo ou alguém. A crítica pode ser tanto negativa quanto positiva, mas normalmente quando falamos em crítica sempre pensamos no lado negativo. Você pode sair do sério, ficar para baixo ou agradecer quando alguém o avalia. Não dá para negar que as críticas que recebemos de líderes, professores, parentes, amigos ou mesmo de desconhecidos mexem com a gente. Em tempos de redes sociais, é ainda mais complicado lidar com a enxurrada de palpites sobre as nossas vidas. Muitas pessoas ficam incomodadas com as críticas porque logo pensam numa característica negativa. E não se sentem confortáveis quando alguém avalia o que elas fizeram ou expressaram.

Segundo Grant Cardone, a crítica é sinal de sucesso: "Embora receber críticas não seja a melhor coisa do mundo, tenho novidades: isso significa que você está no caminho certo. A crítica não é algo que se queira evitar, pelo contrário, é o que você deve esperar quando começa a ter sucesso". Contudo, podemos tirar proveito delas se aprendermos a lidar e aproveitar as críticas caso elas sejam bem-intencionadas.

Como lidar com críticas?

1. Ouça e faça uma reflexão sobre o que foi dito...

2. Analise o que foi dito...

3. Entenda que a crítica não é à sua pessoa...

4. Tire um tempo para falar sobre a crítica...

5. Faça uma autoanálise...

6. Aprenda com o erro.

Mas saiba que você sempre receberá críticas. Não importa as escolhas que você faça na vida, alguém sempre vai criticá-lo. Então acostume-se! A única forma de lidar com a crítica é prever que ela é um elemento da sua fórmula de sucesso.

Conta-se uma história que "certa vez, um anjo escutou um choro vindo de um campo. Ficou surpreso ao ver que quem chorava era uma árvore, por que choras, dona árvore?

Choro porque mais um dia vai começar, e o meu sofrimento também.

O que me faz sofrer são as pessoas, elas jogam pedras em mim o dia inteiro.

Não consigo entender, 'seu' anjo.

Eu, que me esforço tanto para produzir frutos deliciosos, só levo cacetada.

Por que será que elas não gostam de mim?

Você está enganada, dona árvore.

As pessoas gostam demais de você e dos seus frutos.

Por isso, elas jogam pedras em você.

É para pegar seus frutos, preste bem atenção.

Ninguém joga pedra em árvore que não dá fruto!"

"Se estão jogando pedra em você, é porque você está produzindo alguma coisa boa."

Na Bíblia, em Mateus 17, 16-20, Jesus disse: "Por seus frutos os conhecereis. Toda a árvore boa produz bons frutos".

> **"Quem aplaude, sabe reconhecer um excelente trabalho. Quem critica negativamente é porque não tem capacidade de fazer melhor."**
> **(Cláudio Martins)**

DIFICULDADES: O DESCONFORTO FAZ PARTE DA JORNADA!

> **"O crescimento pessoal e profissional está fora da zona de conforto. Aprenda a apreciar a zona de desconforto, pois é lá que o seu futuro é traçado."**
> **(Josi Mello)**

"Aprende-se pelo amor ou pela dor. Na maioria das vezes, pela dor". Esta é uma máxima que faz parte do repertório da maioria dos mentores. No seu *best-seller, A sutil arte de ligar o foda-se*, o escritor Mark Manson discorre sobre como conseguimos nos desenvolver dentro das nossas limitações, e faz uma sábia colocação: "O sofrimento é o agente incentivador de mudança preferido pela natureza". Sofremos porque é biologicamente útil para nossa evolução como espécie. *"São aqueles que sofrem que se sentem insatisfeitos ou até mesmo inseguros, que se programam para inovar e desenvolver. Pois as crises geram uma 'desacomodação' que mudam as coisas de lugar e é justamente o desconforto que faz com que tomemos uma atitude"*, segundo Eugenio Mussak.

Citando novamente Grant Cardone no seu livro *10X*, ele afirma: *"A maior parte da sociedade não estimula a mentalidade de 'ir com tudo' porque somos ensinados a agir com segurança e não arriscar nada. Somos motivados a nos conservar e proteger das perdas em vez de tentar uma recompensa maior... Pense um pouco: qual a pior coisa que pode acontecer se você entrar de cabeça em uma situação?"*

Se você tem um certo grau de espiritualidade e acredita em DEUS, queremos compartilhar a história de Jó, para os que não acreditam, pedimos desculpas por este parágrafo.

"Com o ouvir dos meus ouvidos ouvi, mas agora te veem os meus olhos". Nesse versículo, Jó expressa o que ganhou com tamanho sofrimento: conhecer Deus. Porque antes ele O conhecia de ouvir falar, mas agora ele verdadeiramente O conhece!

Provavelmente, se somarmos nossas dificuldades, não chegaríamos perto do que Jó sofreu. Perdeu filhos, esposa, amigos, seus bens e, por fim, ficou doente. Sua postura diante de tamanha dor certamente produziu o que alcançaria no final. O sofrimento desse personagem bíblico nos mostra o quanto nos achegamos a Deus diante da dor e do sofrimento e o quanto aumentar nossa intimidade com Ele nos leva mais próximo da sobrevivência e da certeza de uma vida plena e feliz ao fim da escuridão.

Para finalizar este tópico, citamos a frase de Patrícia Assmann: *"Se a atitude não nos causa um certo desconforto, é sinal de que ela também não nos trará uma grande mudança. É preciso jogar fora a máscara para conquistar a VIDA que para nós está reservada".*

Vamos falar agora do terceiro componente do Sentir, que é o Comprometimento. Ele é composto: ame os desafios e mudanças; aprimore-se continuamente; e saiba que o que interessa são os resultados.

COMPROMETIMENTO: AME OS DESAFIOS E MUDANÇAS

Desafio é a ação ou o efeito de desafiar, um verbo que faz referência a competir, incitar ou provocar alguém. Um desafio pode ser, por conseguinte, uma competição onde é evidenciada uma rivalidade. Ou podemos nós mesmos nos impor desafios. Por exemplo, se eu lhe perguntasse agora quais são os seus cinco grandes desafios para os próximos dois anos, você responderia com clareza? Dar essa clareza a você é um dos objetivos deste livro.

Os desafios fazem parte da nossa vida. O primeiro desafio nós vencemos, pois o espermatozoide que conseguiu chegar primeiro ao óvulo fomos nós. Depois temos o desafio de sobreviver a várias doenças que causam a mortalidade infantil. Aprender a andar; alimentar-se sozinho; fazer várias tarefas que nos parecem desafiadoras enquanto crianças; passar nos anos letivos; depois passar no Enem e escolher uma profissão; arrumar o primeiro trabalho; ter sucesso no trabalho escolhido; casar-se; ter uma família; criar os filhos; construir um patrimônio, enfim, a nossa vida é um constante desafio.

Diante dessas batalhas, podemos ter duas alternativas: suportar os desafios ou amar os desafios. Qual desses dois caminhos você considera que as pessoas de resultados optam? Com certeza, você deve ter dito que é amar os desafios!

A equipe editorial da Conceito descreve da seguinte forma: *"Nos dias atuais, é bastante comum também escutarmos de profissionais de desenvolvimento pessoal e profissional o uso da expressão 'é preciso superar seus desafios', a fim de descrever a superação de barreira a fim de ter um crescimento ou evolução pessoal ou profissional. Ainda nesse sentido, os desafios acabam se tornando objetivos e estimulam uma pessoa a crescer na sua área de atuação ou mesmo no ambiente pessoal também. Nisso, essa pessoa a cada dia se torna melhor, adquirindo mais conhecimento e experiência. Cabe ainda dizer que quanto mais difícil um desafio for, então mais trabalhoso será para alcançá-lo e, na grande maioria das vezes, as recompensas serão maiores também".*

Os desafios sempre foram estudados, desde o tempo da Grécia antiga. Sócrates afirmava: "Uma vida sem desafios não vale a pena ser vivida". Nos dias de hoje, podemos citar trecho da obra da escritora brasileira Clarice Lispector sobre o assunto: *"Viver em sociedade é um desafio porque às vezes ficamos presos a determinadas normas que nos obrigam a seguir regras limitadoras do nosso ser ou do nosso não ser... Quero dizer com isso que nós temos, no mínimo, duas personalidades: a objetiva, que todos ao nosso redor conhecem; e a subjetiva... Em alguns momentos, essa se mostra tão misteriosa que, se perguntarmos quem somos, não saberemos dizer ao certo!*

Agora, de uma coisa eu tenho certeza: sempre devemos ser autênticos, as pessoas precisam nos aceitar pelo que somos e não pelo que parecemos ser... Aqui reside o eterno conflito da aparência x essência. E você... O que pensa disso?

Que desafio, hein?

Nunca sofra por não ser uma coisa ou por sê-la."

COMPROMETIMENTO: APRIMORE-SE CONTINUAMENTE

Nós não somos, nós estamos! Estamos em constante desenvolvimento, e buscar o autoaperfeiçoamento é a única maneira de termos uma vida e carreira mais plenas. Aqui vão quatro dicas para você aperfeiçoar-se:

- Aprenda pela experiência, tratando os outros de modo construtivo e mantendo-se calmo sob pressão;
- Procure experimentar coisas novas e envolver-se em atividades que desenvolvam novas habilidades;
- Em circunstâncias desfavoráveis, sobressai o talento para inspirar;
- Habitue-se a refletir a partir de uma perspectiva isenta.

Os estudos mostraram que a maior característica das pessoas que realizam seus sonhos é a paixão. Pessoas apaixonadas: pelas causas, pela equipe, pela empresa, pela marca, pelo que fazem, apaixonadas pela vida... Um grande exemplo que nos inspira é o líder negro americano Martin Luther King; em seu famoso discurso, disse: "Eu tenho um sonho!". Um sonho de que um dia seus filhos seriam julgados pelo seu caráter, não pela cor da sua pele, um dia em que todos os americanos pudessem viver como irmãos, independentemente da sua cor. Ele queria fazer uma diferença no mundo e era apaixonado pela causa que defendia, pois muitas vezes colocava em risco a sua integridade física.

E o que pode ajudar você a concretizar seu potencial?

Muitos estudos foram realizados, principalmente nos últimos 100 anos, sobre o que leva uma pessoa a ser bem-sucedida. Recentemente, uma pesquisadora americana, Angela Lee Duckworth, empreendeu uma grande pesquisa para descobrir o que leva algumas pessoas a terem sucesso e outras não. Ela e sua equipe visitaram escolas, universidades, academias militares, equipes de vendas, empresas, e a pergunta era: "Quem tem sucesso aqui e o que ela fez para ser bem-sucedida?". A conclusão a que ela chegou foi: o nosso sucesso depende da nossa paixão e perseverança nas metas de longo prazo, que ela chamou de garra. A boa notícia é que podemos aumentar a nossa garra. Pode ser por conta própria, você pode aumentar de dentro para fora ou você pode desenvolver sua garra de fora para dentro, depender criticamente de outras pessoas – pais, orientadores, professores, chefes, mentores e amigos.

Aprimorar-se depende de você! A garra, que é a soma da paixão e perseverança, tem mais a ver com resistência do que com intensidade. Garra tem a ver com você trabalhar em algo que valoriza muito, a ponto de querer permanecer leal a essa atividade. É se apaixonar e continuar apaixonado.

Até onde vai a sua garra? Faça o teste a seguir, proposto por Angela Lee Duckworth e analise os resultados.

	Nada a ver comigo	Não muito a ver comigo	Um pouco a ver comigo	Bastante a ver comigo	Totalmente a ver comigo
Novas ideias e novos projetos às vezes me distraem dos anteriores.	5	4	3	2	1
Obstáculos não me desestimulam. Eu não desisto com facilidade.	1	2	3	4	5
Muitas vezes, eu defino um objetivo, mas depois prefiro buscar outro.	5	4	3	2	1
Sou um trabalhador esforçado.	1	2	3	4	5

Tenho dificuldade para manter o foco em projetos que exigem mais de alguns meses para terminar.	5	4	3	2	1
Eu termino tudo o que começo.	1	2	3	4	5
Meus interesses mudam de ano para ano.	5	4	3	2	1
Sou dedicado. Nunca desisto.	1	2	3	4	5
Já estive obcecado durante algum tempo por certa ideia ou projeto, mas depois perdi o interesse.	5	4	3	2	1
Já superei obstáculos para conquistar um objetivo importante.	1	2	3	4	5

Para calcular sua pontuação total de garra, some todos os pontos dos retângulos que você marcou e divida por dez. A pontuação máxima nessa escala é cinco (com muita garra); a mais baixa é um (sem garra).

Você pode usar o quadro a seguir a fim de verificar como sua pontuação se compara com uma grande amostra de adultos americanos.

Percentual	Pontuação de garra
10%	2,5
20%	3,0
30%	3,3
40%	3,5
50%	3,8
60%	3,9
70%	4,1
80%	4,3
90%	4,5
95%	4,7
99%	4,9

Para a pontuação de paixão, some os pontos referentes aos quesitos ímpares e divida o total por cinco. Para a pontuação de perseverança, some os pontos dos quesitos pares e divida o total por cinco. Se você obteve uma nota alta em paixão, é provável que tenha tirado uma nota semelhante em perseverança. E vice-versa. Mesmo assim, Angela Lee Duckworth arrisca a dizer que sua pontuação em perseverança foi um pouquinho mais alta do que a nota em paixão. Isso não vale para todo mundo, mas aconteceu com a maioria das pessoas que ela estudou.

Manter-se focada nos mesmos objetivos ao longo do tempo é mais difícil do que trabalhar duro e superar obstáculos. Essa tendência – de a pontuação em perseverança ser, em geral, superior à de paixão – indica que paixão e perseverança não são exatamente a mesma coisa.

(Adaptado de GARRA, de Angela Dee Duckworth.)

Você pode fazer o *assessment* GARRA diretamente no site da autora. O *link* de acesso está em sua Jornada de Aprendizagem.

COMPROMETIMENTO:
SAIBA QUE O QUE INTERESSA SÃO OS RESULTADOS

> "Existe o risco que você não pode jamais correr, e existe o risco que você não pode deixar de correr."
> (Peter Drucker)

Uma mensagem que veio para ficar: "Nunca é preciso permissão para se fazer um bom trabalho". Aplica-se a qualquer pessoa, em qualquer lugar do mundo, independentemente da sua atividade ou função. Não seja apenas um observador e passe a assumir o controle de suas experiências profissionais. Não podemos confundir o que é simples com o que é fácil de ser feito, a execução de um trabalho excelente e inovador exige muita dedicação e esforço.

A expectativa suprema é: "FAÇA O QUE TEM QUE SER FEITO. FAÇA SEMPRE O QUE TEM DE SER FEITO, NÃO ESPERE QUE LHE PEÇAM..."

O que fazer para gerar mais resultados?

1. Procure mais desafios em seu trabalho. Ao ampliar sua atuação no trabalho, você pode não só produzir mais, como aprender mais ao longo do tempo, tornando mais fácil alavancar oportunidades futuras com base em seus sucessos. Em curto prazo, essa estratégia pode ser desgastante, mas lembre-se de que os melhores benefícios vêm sempre em longo prazo.

2. Pense como as coisas podem ser melhoradas. Como as coisas poderiam ser feitas de forma diferente, utilizando os mesmos recursos, porém com um resultado melhor? E NÃO PENSE...

- ... que há uma única forma correta de realizar uma determinada tarefa.

- ... que as coisas devem necessariamente continuar a ser feitas como sempre foram.

- ... que as pessoas não vão se importar se as coisas forem feitas de uma forma melhor.

3. Seja o pão-duro do escritório. Cuide das finanças da empresa como se fosse a sua.

4. Transforme as necessidades em oportunidades. Como os problemas atuais podem ser contornados e resolvidos de forma criativa? Para cada necessidade, tente identificar três formas de atendê-la ou contorná-la. Utilize a técnica do "E se...".

5. Desenvolva opções e um Plano de Ação. A ideia é excelente, mas como vamos fazer para torná-la realidade? Antes de tudo, defina algumas opções e envolva as pessoas que serão afetadas pela mudança na tomada de decisão. Entenda que nem todos comprarão suas ideias. Portanto, crie energia para suas ideias e ações, e envolva os colegas nos resultados, que assim eles se envolverão na execução.

6. Faça alguma coisa diferente agora! Você pode começar a fazer a diferença na sua vida hoje, no seu emprego ATUAL, e não no emprego ou cargo IDEAL que espera ter um dia em um futuro distante. E como fazer diferente?

- Ofereça-se para tarefas difíceis e que ninguém deseja fazer;
- Procure o lado positivo dos problemas;
- Ninguém terá a mesma energia que você tem com relação às suas próprias ideias, seja uma pessoa de ação;
- Expresse sua opinião para ter influência, seja um colaborador ativo;
- Faça as coisas acontecerem;
- E sempre assuma a responsabilidade por suas ações e inações.

Algumas pessoas não tentam gerar resultados, pois têm medo. Para eliminar seus medos, vejamos alguns deles em forma de questionamento e o que você pode fazer para abraçá-los.

1. Qual é o risco de tentar uma coisa nova?
2. Algum tempo, algum esforço, alguns obstáculos e possivelmente alguma rejeição.
3. Qual é o risco de não tentar?
4. Uma perda de potencial, para a situação, para si próprio e para sua empresa.
5. O que tem de ser feito não é fácil!
6. Se alguma coisa fosse fácil de fazer, provavelmente teria sido feita há muito tempo por outra pessoa.

Muitas pessoas também não buscam obter resultados porque já possuem algumas desculpas prontas, tais como:

1. Eu não tenho Autoridade!
- Mantenha seu líder informado das ações, convença-o dos benefícios dos resultados.
- Alie-se a quem tenha.

2. Eu não tenho Habilidades!

- Procure treinamentos, capacite-se.
- Converse e peça ajuda a quem tem mais experiência.

3. Eu não tenho Apoio!

- Utilize sua habilidade de convencer e influenciar pessoas.
- Tenha amigos no trabalho.

Lembre-se sempre: Sucesso é consequência. Sucesso é resultado das suas ações.

O mundo está em suas mãos! Tenha iniciativa, tenha atitudes, dedique-se o máximo possível. Faça o que tem que ser feito e gere resultados! Pois somente o que interessa são os resultados.

Não sei se acontece com você, mas algumas pessoas querem justificar a sua falta de resultados pelo esforço que realizaram: "Eu liguei para vários clientes, mas não consegui fechar uma venda", "Estou tão cansado de tentar, mas não consegui os resultados", etc. NÃO CAIA NESSA!

Para finalizar esse componente, quero contar uma história que exemplifica muito bem o que estamos querendo alertar.

Em uma cidade do interior, viviam dois homens que tinham o mesmo nome: José da Silva.

Um era sacerdote, e o outro, taxista. Quis o destino que morressem no mesmo dia. Quando chegaram ao céu, São Pedro esperava-os.

— O teu nome?

— José da Silva.

— O sacerdote?

— Não, o taxista.

São Pedro consulta as suas notas e diz:

— Bem, ganhastes o Paraíso. Leva esta túnica com fios de ouro. Podes entrar.

A seguir...

— O teu nome?

— José da Silva.

— O sacerdote?

— Sim, eu mesmo.

— Bem, ganhastes o Paraíso. Leva esta túnica de linho. Podes entrar.

O sacerdote diz:

— Desculpe, mas deve haver engano. Eu sou o José da Silva, o sacerdote!

— Sim, meu filho, ganhastes o Paraíso. Leva esta túnica de linho e...

— Não pode ser! Eu conheço o outro senhor. Era taxista, vivia na minha cidade e era um desastre! Subia as calçadas, batia com o carro todos os dias, conduzia pessimamente e assustava as pessoas. Nunca mudou, apesar das multas e repreensões policiais. E quanto a mim, passei 75 anos pregando todos os domingos na paróquia. Como é que ele recebe a túnica com fios de ouro e eu... isto?

— Não há nenhum engano – diz São Pedro. Aqui no céu, adotamos uma Gestão mais profissional, como a de vocês lá na Terra.

— Não entendo!

— Eu explico: agora nos orientamos por resultados. E observamos que, nos últimos anos, cada vez que tu pregavas, as pessoas dormiam. E cada vez que ele conduzia o táxi, as pessoas rezavam. Resultado é o que importa!

O segundo componente do primeiro *flywheel* é o Pensar. Ele é composto pela Mentalidade de Crescimento, Mentalidade de Alto Impacto e Sucesso (MMS). Os seus pensamentos em relação à Mentalidade de Crescimento devem ser: compreensão total de quanta concentração é necessária para obter sucesso; estabelecer objetivos altos e escolher metas que estejam fora do alcance (BHAGs*); ter paixão e perseverança duradouras. Já em relação à Mentalidade de Alto Impacto, devem ser: nunca dê desculpas, tenha acabativa; chame a responsabilidade na hora H; e seja disruptivo. E, por fim, com relação ao Sucesso, devem ser: enxergar o sucesso como obrigação; ter consciência de que você é o responsável por seu sucesso; e saber que habilidade é o talento x esforço e que sucesso é habilidade x esforço.

---

* *Big Hairy Audacious Goal* - Meta grande, audaciosa e cabeluda.

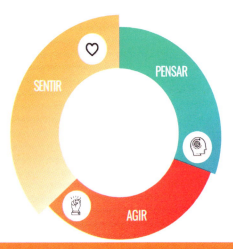

MENTALIDADE DE CRESCIMENTO: COMPREENSÃO TOTAL DE QUANTA CONCENTRAÇÃO É NECESSÁRIA PARA OBTER SUCESSO

> "Sucesso é o resultado da prática constante de fundamentos e ações vencedoras. Não há nada de milagroso no processo, nem sorte envolvida. Amadores aspiram, profissionais trabalham."
> **(Bill Russel)**

O que é a Concentração? Podemos encontrar inúmeras definições para esta palavra. A Wikipédia conceitua da seguinte forma: a concentração mental é um processo psíquico que consiste em centrar voluntariamente toda a atenção da mente sobre um objetivo, objeto ou atividade que se está fazendo no momento, deixando de lado todos os fatos ou objetos que possam ser capazes de interferir na atenção.

Eu vou utilizar a que prefiro:

É DEDICAR-SE COM OBSESSÃO NA BUSCA DE UM OBJETIVO.

Para isso, você tem que trabalhar para fortalecer a parte emocional, de forma a não perder o foco na execução de uma tarefa que vai lhe gerar o sucesso. O dicionário define o termo "obcecado" como a "dominação dos pensamentos e sentimentos por uma ideia, imagem ou desejo persistente.

Grant Cardone afirma: "Até que o mundo entenda que você não vai a lugar nenhum – que está 100% comprometido e que tem a convicção e persistência para correr atrás do seu projeto –, não vai conseguir a atenção que deseja e o apoio que quer. A obsessão é como uma fogueira: você quer que ela seja grande para que as pessoas possam sentar-se ao redor dela com admiração. E, assim como a fogueira, é preciso continuar colocando lenha para sustentar o calor e o brilho. Você fica obcecado para manter o fogo queimando – ou vai se transformar em cinzas".

Ele faz uma provocação interessante: "Aponte-me alguém que tenha tido grande sucesso sem ser obcecado, é impossível!". Daí a importância da sua concentração.

Aqui tenho uma pergunta-chave para você. Se suas ideias não ocupam seus próprios pensamentos, como você pode querer que ocupem os pensamentos dos demais?

Muitas pessoas que são concentradas nos seus objetivos são vistas como desequilibradas, *workaholics*, obcecadas e muitos outros adjetivos. Contudo, o que é interessante é que quando essas pessoas que estavam extremamente concentradas em busca de seus sonhos e objetivos alcançam o sucesso, elas são admiradas, elogiadas, convidadas para compartilhar o segredo do seu sucesso etc.

MENTALIDADE DE CRESCIMENTO: ESTABELECER OBJETIVOS ALTOS E ESCOLHER METAS QUE ESTEJAM FORA DO ALCANCE (BHAGS)

> "Os homens não desejam aquilo que fazem, mas os objetivos que os levam a fazer aquilo que fazem."
> (Platão)

O livro *O segredo*, que foi um grande sucesso, posteriormente transformado em filmes, fez um trabalho brilhante de reeducação do mundo sobre um princípio essencial do sucesso: nós nos transformamos naquilo que pensamos. Aquilo que focamos é o que tendemos a fazer acontecer, na opinião do escritor Rory Vaden. Ele afirma: "Como muitos de nós sabemos, isso se chama Lei da Atração, e não é ação de uma força mágica, cósmica ou mística. Em vez disso, é uma demonstração de poder do nosso subconsciente – um poder que abre caminho para resultados tremendos, se focarmos e monitoramos nossos pensamentos".

Reforçando esse entendimento, Cardone acredita que "um dos grandes motivos pelos quais as pessoas não seguem seus objetivos seja porque não os estabelecem alto o suficiente desde o começo..." o fracasso das pessoas em pensar grande normalmente significa que nunca vão agir grande o suficiente, com frequência e persistência suficientes. Afinal, quem se anima com objetivos chamados realistas? E quem pode se manter animado em relação a qualquer coisa com uma recompensa – no máximo – mediana? É por isso que as pessoas abandonam os projetos quando se deparam com algum tipo de resistência: seus objetivos não são altos o suficiente.

O QUE É UM BHAG?

BHAG é a sigla para Big, Hairy, Audacious e Goals e pode ser literalmente traduzida para Grande, Cabeluda e Audaciosa Meta. Os BHAGs são objetivos de longo prazo, normalmente entre dez e 20 anos, guiados e embasados nos seus valores e no seu propósito. Um dos principais valores trazidos pelos BHAG é capacidade de fazer com que você não pense pequeno. Ironicamente, estabelecer uma meta de longo prazo tão audaciosa cria um senso de urgência.

Em 1961, o presidente dos Estados Unidos, John Fitzgerald Kennedy, em uma sessão conjunta com o congresso, disse que, até o final dos anos 1960, o país levaria uma pessoa para a superfície lunar e a traria de volta sã e salva. Esse objetivo, porém, foi algo tão ousado para aquela época que hoje é considerado como um dos exemplos mais icônicos do que atualmente conhecemos como *big hairy audacious goals*, ou BHAG.

> "Eu acredito que esta nação deve se comprometer em alcançar o objetivo de desembarcar um homem na lua e trazê-lo de volta para a Terra com segurança até o final desta década."
>
> (John F. Kennedy, 35º presidente dos Estados Unidos)

Uma BHAG é um objetivo que realmente representa um grande desafio e traz para você, como pessoa, um vínculo emocional poderoso. Esse objetivo, sem dúvida, se tornará uma espécie de estrela polar que guiará os passos que você está tomando. Uma vez definida essa meta ambiciosa, ela servirá como bússola para orientação nas tomadas de decisões.

Então, a grande pergunta é: Qual é o seu BHAG de dez e 20 anos? Por favor, defina agora!

Agora!

AGORA!

MENTALIDADE DE CRESCIMENTO: TER PAIXÃO E PERSEVERANÇA DURADOURAS

> "O segredo de liberar seu verdadeiro poder é estabelecer objetivos suficientemente empolgantes para inspirar sua criatividade e acender sua paixão."
>
> (Anthony Robbins)

Sei que já falamos muito sobre isso, quando falamos do Sentimento Aprimore-se Continuamente, mas quero reforçar para você. Entenda a paixão como fator essencial de motivação. O pensador Auguste Comte dizia: "Progredir é conservar melhorando". A nossa paixão e perseverança, o que Angela Lee Duckworth chama de garra, são essenciais para uma vida vitoriosa. Trabalhar a perseverança e a paixão, não desistindo nem recuando diante dos obstáculos, é o que nos separa da vitória da derrota. Muitas pessoas que não possuem grande talento obtêm excelentes resultados, pois permaneceram com a paixão e perseverança em busca de seus objetivos.

A paixão e a perseverança são invencíveis! Veja a história a seguir...

Era uma vez um homem simples que...

Montou um negócio e não deu certo em 1831.

Foi derrotado na candidatura a vereador em 1832.

Fracassou em outro negócio em 1834.

A noiva faleceu em 1835.

Teve um ataque de nervos em 1836.

Foi derrotado em outra eleição em 1838.

Foi derrotado para o Congresso em 1843.

Foi derrotado para o Congresso em 1846.

Foi derrotado para o Congresso em 1848.

Foi derrotado para o Senado em 1855.

Foi derrotado para a Vice-Presidência em 1856.

Foi derrotado para o Senado em 1858.

Foi eleito Presidente da República dos EUA em 1860.

Esse homem foi ABRAHAM LINCOLN.

Em pesquisas com acadêmicos dos Estados Unidos que classificam presidentes desde a década de 1940, Lincoln é consistentemente considerado entre os três primeiros, geralmente como número um. Que história de paixão e perseverança! E você, diante dos primeiros obstáculos, irá desistir?

MENTALIDADE DE ALTO IMPACTO: NUNCA DÊ DESCULPAS, TENHA ACABATIVA

> "Pessoas que são boas em arranjar desculpas raramente são boas em qualquer outra coisa."
> (Benjamin Franklin)

Mas o que são as desculpas? João Cordeiro, no seu livro *Desculpability*, fala sobre *desculpability* como hábito inato, ou seja, já nascemos com isso. A preocupação em se esquivar das responsabilidades, em nunca se ver dentro do problema, apenas externamente, para poder culpar alguém ou alguma situação. E que é o oposto de *Accountability*, outro termo que ele explica e que significa "pensar e agir como protagonista da sua própria história e da história do mundo".

Muitas vezes, não procuramos razões para fazer o que fazemos, mas desculpas. Por exemplo, se você é uma pessoa no ambiente de trabalho que só aponta erros e culpados, reclama, inventa desculpas, age como vítima e pratica outras atitudes nocivas, você está "exercendo bem" o papel de *desculpability*, e acaba até influenciando de forma negativa e até persuasiva os que estão ao seu redor que podem até não serem assim, mas acabam sendo contaminados pelas atitudes que foram internalizadas pelos colegas de trabalho tóxicos. Porque sempre, seja de forma intencional ou não, influenciamos os outros seja indireta ou diretamente. ELIMINE AS DESCULPAS DA SUA VIDA E TENHA ACABATIVA!

Com certeza, você já ouviu de alguém a seguinte afirmação: "Mas é verdade o que estou falando! Não atingi o resultado por conta disso, disso e daquilo". Essas são o que chamamos de desculpas verdadeiras.

E o que são "desculpas verdadeiras"? São todos aqueles fatos que realmente dificultam o alcance de um objetivo e que são citados, com racionalidade e inteligência fina, para justificar o não atingimento do resultado desejado. Conforme o caso, qualquer um desses fatos pode influir significativamente no alcance do resultado desejado. Se influi e é usado como a grande justificativa de um resultado ruim, está formada a equação: bom resultado = mau resultado + desculpa verdadeira. E parece que está tudo certo! "Afinal, a culpa não é minha, eu fiz a minha parte!"

Sempre quando alguém vem nos dar uma desculpa, falamos: "O que você está me dizendo é verdade. Mas é uma desculpa!". Com essa frase, conscientizo minha equipe, meus alunos, clientes e mentorados que mesmo que a desculpa seja verdadeira, ela continua sendo o que ela é: uma desculpa!

CHEGA DE DESCULPAS, TENHA ACABATIVA!

O dicionário explica o que é uma pessoa acabativa? É aquela que tem a capacidade ou aptidão e que possui facilidade e/ou competência para finalizar aquilo que outros começaram ou concluir o que alguém iniciou. E como você pode desenvolver a acabativa?

1. Decida, planeje e realize.

2. Tenha uma grande meta, mas divida em pequenas etapas e monitore cuidadosamente sua execução e realização.

3. Mantenha uma ação consistente: a prática faz amadurecer a habilidade e potencializa a conquista.

A acabativa tem base na realização, isto é, realizar a ação necessária para alcançar resultados. A chave da acabativa não é a ideia, a criação, a filosofia ou intelectualização, é o que você faz, é se comprometer com os resultados, aceitar a responsabilidade e agir de modo persistente.

MENTALIDADE DE ALTO IMPACTO: CHAME A RESPONSABILIDADE NA HORA H

"É aquele tipo de pessoa que nem preciso olhar para passar a bola. Posso jogar para ele, sabendo não apenas que vai pegá-la, mas que vai correr com ela e marcar para a equipe."

(Ammar Maraqa, diretor de estratégia da Splunk descrevendo uma pessoa que tem mentalidade de alto impacto e que chama a responsabilidade na hora H.)

Ter a mentalidade de alto impacto é chamar a responsabilidade para si na hora H. É aquele que entende a importância da situação e vai se apresentar para a tarefa. É aquele em quem pode se confiar. Faz a coisa funcionar e cumpre a missão, mesmo quando a coisa complica. Pessoas que têm essa característica não apenas entregam resultados, mas criam ondas de impacto positivo em toda a equipe e por toda a organização. É nessas pessoas que os líderes confiam quando há muita coisa em jogo, e é a elas que eles recorrem em situações críticas. Elas sempre encontram um jeito de superar as dificuldades e impactar em situações que outros simplesmente desapareceriam ou se esquivariam.

Nos esportes, podemos vivenciar vários exemplos de atletas, que quando as coisas saem errado chamam a responsabilidade para si. Ou que, na hora do desafio, colocam a bola "debaixo do braço" e dizem "deixa comigo". Foi assim em 1958, na Copa do Mundo na Suécia. Didi, em 1958, fez o lance que mudou o Brasil. Naquele ano, ainda traumatizado pela derrota do Maracanazo em 1950 na final da Copa para os uruguaios em pleno Maracanã, o Brasil ainda era uma nação questionada pela sua fragilidade emocional, e os fantasmas da derrota ressurgiram quando, na final daquela Copa de 58, a Suécia abriu o placar na final. "Didi, com determinação e frieza peculiares, caminhou devagar até o gol, pegou a bola do fundo da rede, botou embaixo do braço e andou calmamente ao meio de campo, exortando o time a se posicionar e virar o jogo", e foi o que aconteceu. Demonstrando para todos que uma desvantagem de um gol, com mais 80 minutos de futebol pela frente, não era um obstáculo capaz de abalar o "Mr. Football", como o chamavam os jornalistas europeus. Liderados por Didi, os brasileiros chagaram ao empate aos nove minutos, à virada aos 32 e à goleada no segundo tempo. No fim, Brasil 5×2 Suécia, "a taça do mundo é nossa", como dizia a marchinha da época, e Didi eleito o melhor jogador da Copa.

MENTALIDADE DE ALTO IMPACTO: SEJA DISRUPTIVO

> "A autodisrupção é como passar por uma cirurgia complexa, mas é você quem segura o bisturi."
> (Jay Samit)

O *best-seller Seja disruptivo*, de Jay Samit, foi a nossa inspiração para incluir este componente no nosso *flywheel*. Por quê? Ora, se vivemos em um mundo onde a disrupção impera nos negócios, nos produtos e modelos de negócios, nada mais natural termos a certeza de que processos de romper com o passado e criar valor nesta nova economia sejam feitos por pessoas disruptivas. Mas o que vem a ser uma pessoa disruptiva? Como posso ser disruptivo? É justamente sobre isso que vamos conversar agora.

Samit afirma que "todas as pessoas de sucesso que transformaram um negócio ou organização social começaram com um problema pessoal e notaram quantas outras tinham o mesmo problema. O que diferencia um disruptivo das outras pessoas que meramente vivenciam seus problemas é que os disruptivos veem a si mesmos e aos seus mundos de um jeito diferente. Esse ponto de vista único faz com que eles virem agentes de mudança – e colham as recompensas. A disrupção não diz respeito ao que acontece com você, mas sim a como você reage ao que acontece com você".

O que vem a ser uma pessoa disruptiva? Inicialmente, precisamos entender o que significa. Disrupção é o que provoca ou pode causar disrupção; que acaba por interromper o seguimento normal de um processo; interruptivo, suspensivo. Que tem capacidade para romper ou alterar; que rompe. É muito importante entender o que é ser disruptivo e aplicar esse valor nas suas ações como profissional, no dia a dia da sua vida pessoal e em quaisquer áreas nas quais você pretende crescer e evoluir.

Disruptivo não significa apenas "inovador" ou "moderno". O conceito é bem mais amplo e se refere a produtos e serviços que criam novos mercados e desestabilizam as grandes corporações concorrentes que antes dominavam determinado segmento do mercado.

O termo inovação disruptiva foi criado por Clayton Christensen, professor da Universidade Harvard bastante reconhecido por seus estudos sobre inovações no meio empresarial e autor do *best-seller O dilema do inovador*. De acordo com ele, uma inovação disruptiva se refere a um projeto ou pequena empresa com pouco capital e recursos que é capaz de criar algo que transforme o mercado com soluções mais simples e acessíveis. O processo de disrupção impacta positivamente as vidas dos consumidores, que geralmente são mais fiéis.

E como você pode ser uma pessoa disruptiva?
Afonso Paciléo afirma:

"Se você já entendeu que inovações disruptivas são tudo aquilo que causa uma ruptura no Status Quo de algum modelo tradicional, ser uma pessoa disruptiva é, com certeza, um diferencial na sua busca pelo sucesso profissional. Mas não é apenas no mundo dos negócios que você pode aplicar esse valor. Não é preciso inventar a roda ou criar uma supertecnologia universal para ser uma pessoa disruptiva.

Ser disruptivo pode ser deixar um emprego que não o deixa feliz para seguir o seu sonho. A disrupção também está presente em desafiar os padrões e expectativas alheias e não se conformar com o que frustra você. A mentalidade disruptiva pode fazer parte do seu processo de desenvolvimento pessoal e ajudá-lo a se tornar o protagonista da sua vida e da sua história.

Criar soluções inovadoras para seus problemas e desafios, aproveitar oportunidades de crescimento e evolução e agir de forma proativa em determinadas situações são atitudes que fazem parte da vida de uma pessoa disruptiva.

Você tem uma personalidade questionadora e visionária? Essas características estão na essência de um disruptivo. Enxergar formas diferentes de fazer algo, mesmo que pareça existir só um jeito de fazer, ter coragem de desafiar modelos conservadores e resistentes a mudanças, propor e impor estratégias de inovação... tudo isso faz parte do processo de disrupção.

Se você deseja se tornar uma pessoa disruptiva, é fundamental se abrir para novas posturas e comportamentos. Nós vivemos em um mundo onde tudo está em constante evolução, com novas tecnologias e desafios a todo momento. O conhecimento e a informação são muito mais acessíveis do que há alguns anos, os recursos para criar e recriar modelos e negócios continuam a aparecer a todo momento.

Comece participando de grupos diversos, seja no campo dos negócios, da educação ou dos seus hobbies pessoais. Interaja com pessoas interessantes e diferentes, tenha contato com realidades distantes da sua, busque sempre novas experiências. Não ter preconceitos é essencial nessa trajetória!

Além disso, o conhecimento é um importante aliado no processo disruptivo. Assista a palestras, faça cursos de temas variados, leia de tudo: livros, jornais, revistas, blogs, newsletters. Os temas de estratégias, inovação, liderança, criatividade e tendências devem ser bastante pesquisados e estudados.

Ao se tornar o protagonista da sua vida e assumir a mentalidade disruptiva, você passa a enxergar que os erros e falhas são uma parte importante da sua jornada até o sucesso. O aprendizado que acompanha o erro existe para que, lá na frente, você saiba exatamente o que fazer. Se o pensamento e a atitude disruptiva se tornarem um exercício constante na sua vida, o medo de inovar, transformar e o medo de falhar desaparecerão aos poucos do seu cotidiano.

Uma pessoa de sucesso, seja no âmbito pessoal, profissional ou educacional, tem consciência de que os erros ajudam a construir seu caráter, seus valores e sua experiência. Admitir suas fraquezas também é ser disruptivo. Afinal, quantas pessoas você conhece que não têm vergonha de falar sobre suas falhas, defeitos, planos que não deram certo?

Inovar na sua carreira, na sua educação, ver sua grande e revolucionária ideia ser aceita na empresa em que você trabalha ou ter o seu próprio negócio para revolucionar o mercado só será possível se você começar a aplicar a mentalidade disruptiva em você mesmo! No seu dia a dia, nas suas relações interpessoais, nos seus projetos e objetivos".

Não existe uma receita infalível para a inovação e não existe sucesso imediato. Esses serão resultados que o seu Eu do futuro colherá se você começar a plantar agora. Você tem a opção de começar hoje a se preparar para o amanhã. Investir nas suas ideias, na sua vontade de mudar de vida, de revolucionar o segmento de mercado em que você atua, de inspirar outras pessoas.

Afinal, ser disruptivo é romper com paradigmas já estabelecidos e criar soluções inovadoras para melhorar e transformar a sua vida e de outras pessoas! É enxergar oportunidades em meio às dificuldades e encarar cada falha como um recomeço. O que diferencia os disruptivos é a capacidade de ser um agente de mudança e protagonizar os resultados da inovação.

Comece hoje a ser uma pessoa disruptiva! Grande parte da autodisrupção consiste em tomar decisões deliberadas na sua vida em vez de funcionar no piloto automático.

Se você precisa de inspiração, pesquise a vida e biografia de pessoas disruptivas, tais como Henry Ford, Steve Jobs, Uri Levine, Mark Zuckerberg, e se prefere brasileiros, leia o livro *Da ideia ao bilhão – estratégias, conflitos e aprendizados das primeiras startups unicórnio do Brasil*, de Daniel Bergamasco, que vem recheado de histórias dos fundadores da QuintoAndar, Movile, Ifood, Gympass, Nubank, Arco Educação, 99, Stone, Loggi, Ebanx etc.

SUCESSO: ENXERGAR O SUCESSO COMO OBRIGAÇÃO

> "O único lugar onde o sucesso vem antes do trabalho é no dicionário."
> (Stubby Currence)

Vencer é melhor do que perder! Além da vitória em si, o sentimento psicológico de ser um vencedor abre caminho para mais vitórias no futuro. Se você se "acostumar" com a derrota e se "contentar" com isso, bloqueará qualquer iniciativa de tentar ser melhor. Toda e qualquer pequena vitória é importante. Não pelo lado da soberba, mas pelo sentimento de capacidade de vencer mediante esforço. Vencer sempre é melhor que perder porque gera melhores comportamentos. Os vencedores sempre são convidados para as melhores festas. A capacidade da vitória atrai outras pessoas vitoriosas. Busque vitórias na sua vida pessoal e profissional, não seja o que os americanos chamam de *"loser"*, perdedor. Saiba que a maior tristeza não é a derrota, mas, às vezes, não ter a oportunidade de tentar de novo.

"Um dos momentos decisivos da minha vida aconteceu quando casualmente parei de esperar pelo sucesso e passei a enxergá-lo como obrigação, dever e responsabilidade", é com essa frase que Grant Cardone inicia o capítulo em que ele aborda que *O sucesso é sua obrigação*. Encarar o sucesso como uma opção é uma das principais razões pelas quais as pessoas não o criam para si mesmas.

Muitos falam que o importante é competir. Você realmente acredita nisso? Pode ser controverso o que vamos dizer agora, mas o importante para nós é ganhar. Pois o mundo adora os vencedores. Muitas pessoas sabem de cor e salteado quais foram os países campeões da Copa do Mundo desde 1930, mas será que lembram quais foram os vice-campeões? Os apaixonados por Fórmula 1 podem dizer todos aqueles que foram os campeões mundiais desde 1950, mas será que lembram quais pilotos foram os vice-campeões? Reza a lenda que após uma corrida o filho de Nelson Piquet desceu do carro feliz por ter sido o segundo lugar em uma corrida, e ele falou: "Por que você está feliz? O segundo lugar é o primeiro perdedor".

SUCESSO:
TER CONSCIÊNCIA DE QUE VOCÊ É O RESPONSÁVEL POR SEU SUCESSO

"Os guerreiros vitoriosos vencem antes de ir à guerra, ao passo que os derrotados vão à guerra e só então procuram a vitória."
(Sun Tzu)

O nosso sucesso é sempre consequência das ações que fizemos anteriormente, não importa às vezes quanto pareçam insignificantes, mas saiba que o segredo do sucesso é quantidade x frequência. Vamos usar como exemplo várias pessoas que querem emagrecer e colocam alcançar esse objetivo como o grande sucesso que almejam. Compram um tênis novo, novas roupas de academia, e iniciam o programa de exercícios com toda a motivação e entusiasmo. No primeiro dia, fazem até mais do que o *personal trainer* indicou. Ao final do dia, olham para o corpo, e não aconteceu nada. No segundo dia, a mesma coisa. No terceiro dia, a mesma coisa novamente. Então o que acontece? NADA! O corpo ainda não teve nenhuma alteração, e o que eles fazem? DESISTEM! Colocam a culpa no treino, no *personal* etc. Esquecem que para emagrecer precisam ter quantidade X frequência.

Como disse a atriz Katharine Hepburn, quatro vezes ganhadora do Oscar: "Somos ensinados a culpar nossos pais, nossos irmãos, a escola, os professores – mas nunca a nós mesmos. A culpa nunca é nossa. Mas sempre é nossa culpa, porque se quisermos mudar, seremos nós que teremos de mudar".

Precisamos ter a consciência de que o sucesso não é mágico ou misterioso. O sucesso é a consequência natural da aplicação prática de alguns fundamentos básicos. Todo mundo sabe o que fazer para ter sucesso, mas como ninguém coloca em prática, tem que ter alguém para lembrar.

Todos nós queremos o sucesso na vida, e somos ávidos por dicas de quem o obteve para tornar nosso caminho mais fácil e rápido. B.C. Forbes – o fundador da revista Forbes – escreveu um artigo em 1917, ou seja, há mais de cem anos, intitulado "Chaves para o sucesso". Quero compartilhar com você algumas dessas dicas: o seu sucesso depende de você; a sua felicidade depende de você; você deve decidir o próprio caminho; você deve se educar; você deve pensar por si só; você entra neste mundo sozinho; você vai ao seu túmulo sozinho; você toma suas próprias decisões.

ENTENDEU QUE A BOLA ESTÁ CONTIGO?!
E AÍ, PRONTO PARA BUSCAR O SEU SUCESSO?

SUCESSO:
SABER QUE HABILIDADE É O TALENTO X ESFORÇO, E QUE SUCESSO É HABILIDADE X ESFORÇO

> "Se as pessoas soubessem o quão duramente eu trabalhei para obter a minha habilidade, ela não pareceria tão maravilhosa depois de tudo."
> **(Michelangelo)**

Mas o que é habilidade, talento e esforço?

Habilidade, segundo o dicionário Aurélio, significa: qualidade daquele que é hábil. Capacidade, inteligência. Destreza. Astúcia, manha. Aptidão, engenho. Simplificadamente, podemos dizer que habilidade é a capacidade que uma pessoa tem de realizar algo. É a facilidade, ou o dom, de proceder diante de uma tarefa qualquer. Assim, quanto mais fácil você consegue lidar com uma exigência, mais habilidoso você é.

Nesse sentido, um exemplo fácil de ser entendido é a sua habilidade de cozinhar. Você pode, ou não, ter habilidades para escolher os ingredientes corretos, colocar na medida certa, saber o tempo de preparo, misturar os ingredientes, colocar os temperos corretos, e realizar outras ações.

E todas essas são técnicas individuais, que você aprende e pode ir treinando e aperfeiçoando até que se tornem praticamente automatizadas. Então, quando isso acontece, você é tido como uma pessoa hábil nesse tipo de procedimento.

Já o conceito de talento: vem do latim "talentum", o significado de talento está relacionado com a aptidão ou a inteligência. Assim, talento é a capacidade para exercer determinada ocupação ou para desempenhar uma atividade. Talento é a inclinação e habilidade natural ou desenvolvida de uma pessoa para realizar determinada atividade, algo que facilita o sucesso pessoal numa determinada atividade ou ocupação. Também se refere à pessoa com competências fora da média para realizar uma determinada atividade profissional. Pode também se referir a um conjunto de habilidades de uma pessoa, seus dons, habilidades, conhecimento, experiência, inteligência, discernimento, atitude, caráter e impulsos inatos, e inclui a sua capacidade de aprender e desenvolver-se.

E o terceiro elemento dessa equação é o esforço. De acordo com o dicionário é intensificação das forças físicas, intelectuais ou morais para a realização de algum projeto ou tarefa. E assim podemos ter a equação completa.

HABILIDADE = TALENTO X ESFORÇO
SUCESSO = HABILIDADE X ESFORÇO

Se supervalorizamos o talento, subestimamos todo o resto. É como se acreditássemos que talento é igual a ter êxito. Angela Lee Duckworth expõe no livro *Garra*, já citado anteriormente, o pensamento do sociólogo Dan Chambliss sobre o assunto: "Um desempenho superlativo é, na verdade, uma confluência de dezenas de pequenas qualificações ou atividades, cuidadosamente transformadas em hábitos e, mais tarde, reunidas num conjunto. Não existe nada de extraordinário ou sobre-humano em qualquer um desses atos; o que produz excelência é o mero fato de serem realizados de forma sistemática, correta e ao mesmo tempo". No entanto, é difícil vender a trivialidade.

E a questão do dom, como fica? Dan continua... *"O talento talvez seja a explicação leiga mais comum para o êxito nos esportes. É como se fosse uma 'substância invisível por trás da realidade superficial do desempenho, que, no fim das contas, distingue os melhores dentre nossos atletas'. Se não sabemos explicar como um atleta, um músico ou qualquer outra pessoa faz alguma coisa que nos deixa de queixo caído, nós costumamos erguer as mãos e dizer: é um dom. Ninguém pode ensinar isso."* O fato é que algumas pessoas possuem certas vantagens naturais que o treinamento não proporciona, mas o importante é que a grandeza é alcançável. Um alto nível de desempenho é, na verdade, um somatório de atos isolados que nada têm de excepcionais. O talento não basta para vencer na vida. Mas qual a teoria por trás disso? Como a professora poderia explicar que, se o talento não basta para explicar o sucesso, o que estaria faltando?

Aqui está! Depois de muitos anos de estudo e pesquisa, Duckworth chega a sua teoria.

"O talento é a rapidez com que as habilidades de uma pessoa aumentam quando ela se esforça. Êxito é o que acontece quando essas pessoas utilizam as habilidades adquiridas. Embora considere sua teoria incompleta, ela a considera útil. Pois, segundo essa teoria, quando consideramos pessoas em circunstâncias idênticas, o resultado obtido por cada uma delas depende somente de duas coisas – talento e esforço. É claro que o talento (a rapidez com que melhoramos nossas habilidades é importante). No entanto, o esforço entra nesses cálculos duas vezes, e não apenas uma. O esforço constrói a habilidade. Ao mesmo tempo, o esforço torna a habilidade produtiva."

Já que estamos falando de atletas, permita-me falar que a prática dos esportes hoje é cada vez mais valorizada pelas pessoas. Andar de bicicleta, correr, fazer maratona ou ir para a academia faz cada vez mais parte da rotina das pessoas que se tornam verdadeiras atletas, mas quero falar para você sobre outro tipo de atleta, o corporativo. Charles Lazarus disse certa vez: "Se você quer realmente ter sucesso, prepare-se para deixar de lado suas horas de lazer e trabalhar depois das 18 horas e nos finais de semana". Parece radical demais? Estamos condenados a passar a vida no escritório ou na empresa? Temos que ser *workaholics* para ter uma carreira de sucesso? A resposta é NÃO! A saída é você aprender a ser um atleta corporativo. São aqueles que durante a semana trabalham duro, são capazes de produzir até 12 horas por dia, mas acabado o expediente, conseguem se desligar do trabalho e recarregar as baterias.

E quais são as dez coisas que pessoas de sucesso nunca fazem de novo? Pesquisas realizadas pelo psicólogo e autor do livro *Nunca volte atrás - 10 coisas que você não deve fazer novamente* (tradução livre), Dr. Henry Cloud, revelaram certos despertares que pessoas – na vida pessoal e nos negócios – fizeram, mas nunca voltariam a fazer novamente.

Esta é uma lição valiosa: "Uma vez que você aprendeu, você nunca fará de novo". Profissionais de sucesso nunca fazem de novo:

1. Retornar ao que não funcionou;
2. Fazer alguma coisa que requeira que eles sejam alguém que eles não são;
3. Tentar mudar outra pessoa;
4. Acreditar que eles podem agradar sempre e a todos;
5. Escolher o conforto do curto prazo em vez do benefício do longo prazo;
6. Confiar em alguém ou algo que parece impecável;
7. Tirar os olhos da grande imagem;
8. Deixar de fazer as devidas diligências ou auditorias;

9. Falhar em perguntar por que eles se encontram onde estão;

10. Esquecer que a felicidade interna determina seu sucesso exterior.

Para finalizar esse componente, onde conversamos muito sobre sucesso, sempre digo que uma coisa é ser uma pessoa de sucesso e outra coisa é ser uma pessoa de muito sucesso. Mas para obter um elevado nível de sucesso, você precisa estar disposto a colocar em prática ações que gerarão este sucesso. Veja o que os profissionais que têm muito sucesso fazem nos finais de semana:

- Eles acordam cedo;
- Eles leem;
- Eles investem tempo em refletir;
- Eles dedicam tempo para buscar seus objetivos;
- Eles fazem ações de gratidão;
- Eles desconectam;
- Eles conectam com suas famílias;
- Eles criam *momentum*;
- Eles planejam a semana seguinte.

MEU CONSELHO? Faça isso nos seus finais de semana, você verá que vale a pena!

Concluindo esse componente, queremos falar com você sobre **OS PERIGOS DO SUCESSO!**

Tem uma frase que usamos muito: "Alcançar o sucesso é fácil, mantê-lo é que é difícil". Entendo que os principais perigos são:

- Iludir-se a respeito do sucesso;
- Pensar que o sucesso do passado garante o sucesso do futuro;
- Delirar em relação ao sucesso obtido;
- Equivocar-se em relação aos seus pontos fracos, negá-los.

O grande perigo é: quanto mais convencidos estivermos de que o nosso sucesso seja fruto das nossas próprias escolhas e decisões, menor a probabilidade de que nos disponhamos a alterá-lo. Monitore constantemente sua vaidade, pois ela é um grande obstáculo na busca do crescimento e do sucesso. No filme *O Advogado do Diabo*, o ator Al Pacino interpreta o diabo, e em uma das cenas com Keanu Reeves, ele diz: "Vaidade, o meu pecado predileto". Para resumir tudo o que o filme propõe, é que o diabo nos atenta a cada escolha. O filme mostrou a complexidade de uma só escolha do personagem e depois mostra que todo esse esforço para resistir às tentações e fazer a escolha certa só vale até sermos tentados novamente, e isso ocorre a todo minuto.

Veremos agora o último componente do primeiro *flywheel*, que é o AGIR! No nosso Método SPA/CFE, o primeiro dos *flywheels* é composto do Sentir, Pensar e Agir, e o segundo da Clareza, Foco e Execução.

O AGIR é composto pela Preparação e Hábitos (PH). As suas ações em relação à Preparação devem ser: estime o esforço necessário para atingir suas metas; alinhe seus objetivos com seu propósito. Já com em relação aos Hábitos, devem ser: assuma o controle sobre tudo o que acontece com você; trabalhe duro; eleve seus relacionamentos; seja um eterno aprendiz; desenvolva continuamente suas *skills*; busque a Singularidade.

AGIR: PREPARAÇÃO

"Falhe ao planejar e estará planejando falhar."
(Bernardinho, treinador de voleibol)

Vencer pode ser meio chato. Tem todo o lado chato da preparação, mas ainda acreditamos plenamente na velha máxima da sabedoria popular do "quanto mais eu treino, parece que mais sorte eu tenho". As vitórias podem trazer autocomplacência e depois soberba e negligência. Vencedores, diferentemente dos perdedores, sempre treinam, sempre ensaiam, sempre estudam antes. Ensaiam até o que fazer se as coisas não saírem "como ensaiado", um plano B, uma alternativa. Os vencedores são sempre responsabilizáveis por seus atos.

Bernardinho, no seu livro *Transformando suor em ouro*, reforça esta nossa opinião, dizendo: "A traiçoeira armadilha do sucesso é um alçapão em que costumamos cair quando, embriagados por eventuais êxitos, passamos a nos achar melhores que os outros, quando não invencíveis, e nos afastamos da essência do sucesso: a preparação".

O artista Colonel Red tem uma frase em uma das suas músicas que ilustra muito este tópico: "Quanto mais você sua nos treinamentos, menos sangra no campo de batalha". A preparação é fator crítico para nosso sucesso. Treinar ao nível extremo significa desenvolver ao máximo sua capacidade de realização. Como diz Bernardinho, famoso pela exigência dos treinos das equipes que liderou: "Boas *performances* dependem de conteúdo (fruto da preparação) + entusiasmo (fruto da paixão)".

É muito importante que você defina como irá se preparar, quais métodos, quais fontes utilizará etc. Mostraremos nos próximos capítulos como você deve fazer isso. As mudanças no mundo nos levam a pensar cada vez mais com carinho e cuidado nos desafios que devemos enfrentar para alcançar um futuro mais rico e feliz.

Se pudesse saber o que o futuro lhe reserva, o que você faria? Não são poucas as vezes em que nos questionamos se o dia de amanhã será melhor que o de hoje, não é verdade? Em que nos sentamos para refletir pensando se um problema de agora ainda persistirá por muito tempo ou se algumas coisas que tanto esperamos vão realmente ocorrer.

Dados colhidos no site do NUBE revelam que, segundo estudo da Salesforce, há uma crescente crise global de habilidades digitais e uma necessidade urgente de ação. Quase 3/4 dos entrevistados (73%) não se sentem prontos para aprender as competências necessárias para as empresas. Uma porcentagem ainda maior (76%) não se considera hábil para o futuro. Apesar de 82% planejarem adquirir novos conhecimentos nos próximos cinco anos, neste momento, apenas 28% estão ativamente envolvidos em programas de aprendizado e treinamento.

Enquanto isso, o cenário no Brasil é mais positivo, com apenas 37% de pensamentos pessimistas nesse aspecto, o menor índice entre todos os países pesquisados. No entanto, 79% dos trabalhadores pretendem ampliar suas capacidades, seja para crescer na própria carreira ou em busca de um novo caminho profissional.

Essa lacuna é uma preocupação, mas também apresenta uma oportunidade. Com corporações em todo o mundo em rápida transição para modelos digitais, aumentou muito a demanda por funcionários com habilidades digitais. Existe um espaço entre a fronteira da inovação e a aptidão para usá-la.

PREPARAÇÃO: ESTIME O ESFORÇO NECESSÁRIO PARA ATINGIR SUAS METAS

> "Quanto mais as pessoas acreditam em uma coisa, quanto mais se dedicam a ela, mais podem influenciar no seu acontecimento."
> (Dov Éden)

O quanto de esforço será necessário para atingir suas metas? Já vimos por meio da teoria da professora Angela Duckworth que o esforço é essencial para termos sucesso, pois ele constrói a habilidade e a torna produtiva para gerar resultados. Assim sendo, não existem atalhos para o sucesso, mas o trabalho intenso é a estrada mais curta.

No pain, no gain! O que quer dizer esse ditado americano? "Sem dor, não há ganho". Sem sacrifício, você não tem resultados! E isso é a mais pura verdade! Se você se decidir por dedicar algumas horas da sua semana para correr, e isso fazer com que você tenha menos tempo para ver seus amigos, menos tempo para se dedicar à sua casa, menos tempo para ler, menos tempo para cozinhar etc. Isso além, é claro, do sacrifício físico. Para evoluir na corrida, você precisa levar seu corpo a fazer mais do que ele dá conta, sair da sua zona de conforto. E isso muitas vezes lhe rende algum cansaço e dores musculares no dia seguinte. Mas se esses foram alguns dos sacrifícios que escolheu para ter uma vida mais saudável e com maior qualidade de vida, você verá que valeu a pena.

Ao definir sua Visão de Futuro e suas metas, escreva quais serão os esforços e sacrifícios que você terá que fazer para alcançá-las.

PREPARAÇÃO:
ALINHE SEUS OBJETIVOS COM SEU PROPÓSITO

> "A firmeza de propósito é um dos mais necessários elementos do caráter e um dos melhores instrumentos do sucesso. Sem ele, o gênio desperdiça os seus esforços num labirinto de inconsistências."
> (Philip Chesterfield)

> "Quando o ser humano não tem uma razão para viver, fica difícil continuar os dias."

Viktor Frankl, em seu famoso livro *O homem em busca de um sentido*, afirma que o ser humano é o único animal que busca um significado para sua vida, um porquê. Se queremos mudar nosso comportamento, tem que ser por meio do sentido, o que Frankl chamou de Logoterapia.

204 | CAPÍTULO 6

Você já pensou por que pessoas inteligentes e competentes, que ganham dinheiro com suas atividades, resolvem dedicar tempo para construir e fazer coisas, pelas quais normalmente são remuneradas, de graça? Fazem para se aprimorar e contribuir.

Você é capaz de construir propósitos para si e realizar trabalhos somente para a construção desse propósito. Mas o que é propósito?

A consultora Lígia Costa, no seu site, reforça o nosso pensamento. *"Trabalhar de forma alinhada ao propósito é uma opção muito interessante para termos sucesso e minimizar a insatisfação. Deveria ser para todos, mas não é. Nem todos têm a coragem, vontade de mudar, de buscar mais. Trabalhar com propósito exige mais do que apenas receber o contracheque no final do mês.*

Muitos acreditam estar bem, querem apenas seu salário no final do mês. E qual o problema? Nenhum. Cada um está exatamente onde deveria estar. Se você quer apenas receber seu salário no final do mês, com muito respeito, pode parar de ler o texto por aqui. Obrigada.

Agora, se você busca ter um trabalho com mais significado, ser mais reconhecido e trabalhar com mais propósito, vou compartilhar algumas definições para que você passe a se conscientizar e compreender melhor o que o mercado e as pessoas têm dito sobre essa pequena, porém muito poderosa palavra.

Conheça 10 definições de propósito para você escolher a sua e encontrar ainda mais significado no que você faz:

1. *A melhor definição que vi recentemente foi de Pedro Santi, o qual diz: 'Tens insônia? Vá ser guarda noturno!'. Simples, assim.*

2. *Um trabalho com propósito é compreender o que você tem de melhor para oferecer e o que o mundo precisa comprar de você (oferta e demanda alinhada).*

3. *Um trabalho com propósito é perceber o que faz sentido para mim e o que eu quero deixar como legado para o mundo.*

4. *Um trabalho com propósito é quando você compreende que além de trabalhar e ser remunerado, você também consegue impactar positivamente a sociedade.*

5. *Um trabalho com propósito é aquele que transforma você em uma pessoa melhor, muda a sua vida e consequentemente muda o seu mundo.*

6. *Um trabalho com propósito é aquele que faz você sorrir, que lhe permite estar alinhado com a sua missão, valores, com suas habilidades, competências e valores todos os dias.*

7. *Um trabalho com propósito é fazer aquilo que os outros reconhecem em você como sendo nato, só seu.*

8. *Um trabalho com propósito faz você sonhar, acreditar, se emocionar e entender que ali está a sua essência. Não é um simples trabalho, é amor.*

9. *Trabalhar com propósito é se colocar no papel de líder de sua história e não agir como vítima.*

10. *Trabalhar com propósito é acreditar que você é capaz de ajudar o outro a resolver o problema dele."*

Descubra o seu propósito!

Compreender o que é propósito é o primeiro passo para você se permitir a acreditar que é seu dever acordar todos os dias para transformar o seu mundo e ter muito mais satisfação. Siga as novas definições de propósito para encontrar o seu.

E para concluirmos esse componente, quero compartilhar com você **Seis razões para trabalhar alinhado ao seu Propósito e Objetivos:**

1. Os dias serão mais prazerosos: colocar o amor e a satisfação na sua atividade irá tornar o dia mais leve.

2. Melhora na motivação e o rendimento: encontrar o prazer nas atividades irá motivá-lo e, consequentemente, melhorar o seu rendimento no trabalho.

3. Você se sentirá mais produtivo: já pensou o quanto é gratificante ter um projeto aprovado ou ver o trabalho ser concluído com sucesso? Quando feito com qualidade e dedicação, a sensação de produtividade só tende a aumentar.

4. Livre de insatisfações: quando estamos satisfeitos no trabalho, não ficamos sempre pensando que só seremos felizes se conseguirmos outro emprego.

5. O trabalho deixa de ser apenas obrigação: ainda que seja uma atividade diária e nossa principal fonte de renda, encontrar prazer na profissão torna a prática mais leve e satisfatória, diminuindo o peso da obrigação.

6. Crescimento pessoal: estar satisfeito e realizado na profissão reflete em outros âmbitos da nossa vida. Quando estamos felizes no que fazemos, crescemos como profissional e como pessoa, pois estamos sempre nos aprimorando.

Propósito é a diferença que você tenta fazer no mundo. Norteia tudo o que você faz. É importante para todas as partes interessadas. É a sua razão de ser que vai além de ganhar dinheiro. E, no entanto... geralmente resulta em você ganhar mais dinheiro do que julgava possível.

HÁBITOS: ASSUMA O CONTROLE SOBRE TUDO O QUE ACONTECE COM VOCÊ

> "Somos o que repetidamente fazemos. A Excelência, portanto, não é um ato, mas um Hábito."
> (Aristóteles)

Qual a importância dos hábitos na vida de uma pessoa? O que faz uma pessoa ser um campeão no jogo da vida? Ter Sucesso?

Nosso caráter, basicamente, é composto de hábitos que desenvolvemos. Existe um pensamento popular que afirma:

"Plante um pensamento, colha uma ação;
Plante uma ação, colha um hábito;

Plante um hábito, colha um caráter;
Plante um caráter, colha um destino."

É importante sabermos que os hábitos podem ser aprendidos e desaprendidos. Vamos aqui fazer uma metáfora. Imagine que, se você deseja adquirir um novo hábito, é como você lançar um foguete no espaço. Para que o foguete ganhe altitude, ele precisará superar uma força que o impede de ir para o cosmo, que é gravidade. A mesma coisa acontece conosco. Ao tentarmos mudar um hábito, encontraremos forças que tentarão nos impedir de alcançar nossos objetivos.

Definiremos Hábito como a interseção entre conhecimento, habilidade e desejo. O Conhecimento é o que fazer e o porquê de fazer; a Habilidade é o como fazer; e o Desejo é a motivação, o querer fazer.

"Ninguém pode persuadir outra pessoa a mudar. Cada um de nós toma conta da porta da mudança, que só pode ser aberta pelo lado de dentro. Não podemos abrir a porta de outra pessoa, seja por meio de argumentos ou de pressão emocional."
(Marilyn Ferguson)

Até bem pouco tempo atrás, o paradigma social atualmente aceito nos dizia que nosso condicionamento e condição determinam o que somos. Aceitar isso significava dizer que ele determina o que somos e que não temos controle algum sobre essa influência. Existem três mapas sociais:

1. O determinismo genético;

2. O determinismo psíquico;

3. O determinismo ambiental.

Cada um desses mapas se baseia na teoria do estímulo que recebemos e gera as respostas. Ou seja, entendia-se que a genética, o psíquico ou o ambiente no qual nós nascíamos ou cresciámos determinava o que nós éramos ou poderíamos ser. Nada mais absurdo, concorda?

Stephen Covey, no seu famoso livro *Os 7 hábitos das pessoas altamente eficazes*, põe por terra esses mapas sociais. O primeiro dos hábitos que ele lista e que faz parte dos três que compõem a Vitória Particular é: SEJA PROATIVO. Definindo a Proatividade significa que nós, como seres humanos, somos responsáveis por nossas próprias vidas. Pense na palavra responsabilidade – Respons-abilidade – a habilidade para escolher sua resposta. Entre o Estímulo que recebemos e a Resposta que damos existe, uma coisa importantíssima, que é a Liberdade de Escolha, que se manifesta pela autoconsciência, imaginação, consciência e vontade independente. Nossa vida só será consequência das condições e condicionamentos se deixarmos que esses fatores controlem nossa mente, por decisão consciente ou omissão. Como dizia Gandhi: "Eles não podem tirar nosso respeito próprio se não o entregarmos a eles".

Ser Proativo significa reconhecer a responsabilidade de fazer com que as coisas aconteçam. Como, por exemplo, o amor. Para os passivos, o amor é um sentimento; para os ativos, o amor é um verbo. Os reativos dizem "ninguém me ama". Os Proativos dizem "eu não estou fazendo ações para que as pessoas me amem".

Seja o autor do seu destino! Richard Bach, escritor norte-americano, dizia que "dentro de nós está o poder do consentimento para a vitória e o fracasso; a saúde e a doença; a liberdade e a escravidão; somos nós que controlamos isso e não os outros". Infelizmente, poucas pessoas no mundo acreditam nessas palavras. Acham que a sua vida é consequência do destino ou dos outros.

MEU CONSELHO? Assuma o controle da sua vida, seja proativo, pois o seu destino está em suas mãos.

HÁBITOS: TRABALHE DURO

"Não há substituto para o trabalho duro."
(Thomas Edison)

Era uma segunda-feira cedo, quando dizemos cedo, falamos em seis e meia da manhã, quando Eduardo chegou pela primeira vez nos escritórios do Grupo Pão de Açúcar, para uma reunião com os diretores da companhia. Era o seu primeiro cliente e tinha ido juntamente com o diretor-regional do Ceará e Piauí para apresentar o que estavam fazendo na regional, para serem o *benchmarking* da maioria dos indicadores da companhia em nível nacional. Antes de entrar na sala 1, na qual ficava Dr. Abílio Diniz, os vice-presidentes e diretores, Eduardo se deparou com um quadro que nunca sairia da sua memória. O quadro dizia o seguinte: "Alguns sonham com o sucesso, nós acordamos cedo e trabalhamos duro para obtê-lo." – Cultura do Pão de Açúcar.

Todos sabemos que trabalhar duro leva a resultados. Mas muitos parecem não acreditar e sempre buscam formas de burlar essa regra do sucesso. Trabalhar duro faz parte da cultura de algumas empresas como a Ambev, na qual um dos seus princípios é: "Nunca pegamos atalhos. Integridade, trabalho duro, qualidade e responsabilidade são essenciais para construir nossa Companhia e nossa reputação".

Vimos anteriormente que o esforço contínuo, que podemos chamar de trabalho duro, supera o talento quando o talento não trabalha duro. O sucesso é, basicamente, a sua ética no trabalho e o quanto de esforço você está disposto a se dedicar a algo. O esforço pode compensar, e até mesmo superar, o talento.

Você quer estar entre os melhores? Então não há alternativas, a não ser trabalhar duro.

HÁBITOS: ELEVE SEUS RELACIONAMENTOS

"As pessoas com as quais nos relacionamos são sempre um espelho refletindo nossas próprias crenças, e simultaneamente nós somos espelhos refletindo as delas. Assim, o relacionamento é uma das mais poderosas ferramentas para o desenvolvimento – se olharmos honestamente para nossos relacionamentos, nós conseguiremos ver muito sobre como nós os criamos." (Shakti Gawain)

A avó materna do Eduardo sempre lhe dava um conselho: "Não se encoste em pau seco, pau seco não dá sombra a ninguém". Na sua sabedoria, ela já o alertava desde pequeno para a importância de bons relacionamentos na nossa vida. Devemos sempre buscar nos relacionar com quem tem algo a nos acrescentar. Sejam nossos professores, líderes, clientes ou amigos, busque ter relacionamentos que contribuam para o seu sucesso. Podem ser conhecimentos, *networking*, conexões, indicações, provocações, conselhos, enfim, tudo aquilo que podemos utilizar para construirmos uma vida de sucesso e feliz.

Aproveitamos para iniciar este componente com o texto da *coach* Isa Magalhães, que fala com maestria sobre os relacionamentos com as pessoas: *"Você já deve ter ouvido a velha frase: 'É no trabalho que passamos os melhores anos de nossas vidas, as melhores horas do nosso dia...'. Pois é a mais pura das verdades! Por isso mesmo que não podemos deixar de perceber quão importantes são os chamados relacionamentos no trabalho. Fazer amizade no ambiente onde trabalhamos é fundamental para nos sentirmos melhor. A comunicação é uma necessidade humana e a amizade entre colegas pode ser muito produtiva.*

Ser humano faz parte de um campo de força energético chamado de 'Campo Relacional', que é essencial para um clima agradável no ambiente

profissional. Ou seja, quando pessoas se reúnem em grupo com objetivos seme-
lhantes, é criado um campo magnético onde as vibrações contaminam a todos.
E isso não é 'papo esotérico', como pode parecer à primeira vista. São estudos
científicos que mostram a influência do meio no comportamento das pessoas.

Você já foi a um estádio de futebol cheio? Prestou atenção na famosa
'onda' ou nos gritos de incentivo aos jogadores? Basta alguém começar o grito
ou o gestual da onda para que todos sejam contaminados e o estádio se trans-
forme naquela festa! O que é isso? É o efeito do chamado 'Campo Relacional'.
Somos influenciados pelas ideias, palavras e até pensamentos das pessoas próxi-
mas. Por isso, podemos dizer que as amizades no ambiente de trabalho podem
trazer benefícios não só aos funcionários, mas também à empresa.

Um clima agradável no trabalho é benéfico para todos, pois diminui o
estresse e promove maior produtividade através do prazer em estar na empre-
sa e envolvimento com o trabalho. Mas é preciso saber separar os papéis para
não haver conflitos. Ou melhor, as relações formais e informais no ambiente
de trabalho não devem ser confundidas para não gerar conflitos. O ambiente
profissional cheio de camaradagem é ótimo, mas também podem aparecer
ciúmes, inveja, fofocas...

Por isso que trabalhar a Inteligência Emocional é fundamental para a
chamada Gestão de Conflitos no trabalho, que envolve negociação e regras
de convivência, onde o respeito ao outro é fundamental. Nossas atitudes fa-
zem a diferença na complexa teia dos relacionamentos. Que tal umas dicas
de convivência saudável para o seu dia a dia no trabalho?

Leia a seguir algumas regrinhas que podem educar todos para uma
convivência saudável:"

- Seja solidário e cordial, fale com todos com educação, mesmo que não esteja num bom dia.

- Se estiver com problemas de relacionamento com algum colega, o melhor é falar diretamente com a pessoa e resolver as dúvidas ou conflitos. Na maioria das vezes, os conflitos nascem de mal-entendidos.

- Faça com boa vontade suas tarefas e não espere retorno por seus atos. Procure responder aos e-mails de todos e não apenas o do chefe! Inclua todos na sua conversa. É deselegante e grosseiro ignorar as pessoas ao lado, principalmente só olhando para uma delas, quando estiver no meio de um grupo.

- Evite limitar-se a se relacionar com um pequeno grupo de pessoas no seu departamento. Ter um bom relacionamento com todos é agir com ética e profissionalismo.
- No trabalho de equipe, aja com naturalidade e fique aberto(a) às críticas ou opiniões de todos. Seja ponderado(a) ao defender seu ponto de vista, use argumentos racionais e precisos, com exemplos claros.
- E, por favor, fique longe das fofocas! As conversas de corredor na verdade são verdadeiros boicotes ao trabalho, para não dizer altamente destrutivas para qualquer ambiente corporativo.

A conhecida frase: "Diga-me com quem andas e eu te direi quem tu és" é um provérbio popular bastante conhecido e muitas vezes atribuído a um trecho da Bíblia Sagrada. Provavelmente, esse ditado deve ter tido origem nos contextos de alguns versículos bíblicos que têm o mesmo significado ou trazem uma mensagem similar. Alguns dizem que essa frase se encontra nos livros de Salmos e Provérbios e outros ainda afirmam que foi dita por Jesus. A verdade é que esse ditado não foi dito por Jesus e não pode ser encontrado na Bíblia da forma como é citado popularmente.

Apesar dessa frase não estar escrita exatamente dessa forma na Bíblia, ela pode ser encontrada em outras palavras, com o mesmo significado. Versículos que trazem uma mensagem similar:

> "O que anda com os sábios ficará sábio, mas o companheiro dos tolos será destruído."
> **(Provérbios 13:20)**

O que queremos que você entenda é que com quem nos relacionamos contribui decisivamente para que tenhamos sucesso na nossa vida.

E um ponto importante! O que mais importa não é quem você conhece, mas quem conhece você.

Consagrados autores falam sobre o assunto, Dale Carnegie, Napoleon Hill e os mais recentes como Charles Duhigg, com o livro *O poder do hábito*, James Clear, com *Hábitos atômicos*, ou B. J. Fogg, com *Micro hábitos*. Um dos expoentes nesta área, Stephen Covey nos ensina que para termos a vitória pública precisamos adotar três hábitos que são fundamentais: Pense ganha-ganha; procure primeiro compreender para depois ser compreendido; crie sinergia. O seu livro *Os 7 hábitos das pessoas altamente eficazes* foi um dos mais importantes que já lemos e recomendamos. O hábito Ganha-Ganha não é uma técnica, mas sim uma filosofia completa de interação humana que busca continuamente o benefício mútuo em todas as situações. Isso significa que todos devem conseguir resultados satisfatórios em qualquer contato e relação. Ainda que o mercado corporativo seja bastante competitivo, essa abordagem prevê que existem recursos suficientes para todos e que o sucesso de um não precisa significar o fracasso do outro. Por isso, as pessoas altamente eficazes sempre buscam um terreno comum com o interlocutor e usam os princípios pessoais como bússola. Covey opina que, em longo prazo, todos perdem se um não ganha.

Buscar entender, antes de ser entendido. A comunicação é a habilidade mais importante na vida, segundo Covey, mas muitas vezes as pessoas falham quando o assunto é escutar. Os indivíduos são condicionados a ouvir para responder, não para gerar um entendimento melhor do outro. Para interagir de forma eficaz com outras pessoas, primeiro é preciso compreendê-las, o que envolve ouvir com empatia e criar uma conexão baseada na verdade e na presença. Essa é uma prática difícil, que envolve se deixar ser vulnerável, mas essencial para gerar confiança e consideração. Só depois de compreender é possível ser compreendido, parte igualmente importante do processo de comunicação.

A sinergia é a essência da liderança baseada em princípios. Ela catalisa, unifica e libera os poderes existentes dentro das pessoas. Todos os hábitos que abordamos nos preparam para criar o milagre da sinergia. Covey define sinergia como a percepção de que o todo é maior do que a soma das partes, exaltando o poder das relações interpessoais e da cooperação. A sinergia valoriza as diferenças e gera interações mais confiáveis e amorosas, a partir da união de forças. A prática também está interligada com a abordagem ganha-ganha e a escuta empática dos hábitos anteriores. Pessoas altamente eficazes percebem que esforços conjuntos podem gerar resultados maiores e melhores do que iniciativas individuais, mas isso depende do alinhamento da sinergia.

Queremos nos apoiar nos ombros de gigantes para concluir este componente. É Napoleon Hill, no seu famoso livro *As 16 leis do sucesso*, que comenta a Lição 10: *"Você não pode obter sucesso duradouro sendo arrogante, prepotente, desleal, ganancioso, invejoso e egocêntrico. Você precisa de uma personalidade agradável, baseada em amor, empatia, bondade, integridade e honestidade. Somente assim as portas do mundo se abrirão para você... Somos poderosos centros de energia. Essa energia se manifesta tanto por meio de fontes visíveis quanto invisíveis. Quando nos aproximamos de uma pessoa, mesmo que não tenhamos articulado uma única palavra, podemos sentir a influência da sua energia. As pessoas se aproximam ou se afastam de nós baseadas nessa energia. Se a energia dela se identificar com a nossa, ela se aproxima. Se não houver identificação, ela se afasta. É por isso que se diz que somos a média das cinco pessoas com as quais passamos a maior parte do nosso tempo".* Ele propõe cinco ações para adotarmos no nosso dia a dia.

1. Iremos obter tudo o quisermos quando auxiliarmos um número suficiente de pessoas a obterem tudo aquilo que elas querem.

2. Congratule-se quando enxergar menos os defeitos alheios e mais os seus, pois isso significa que você está na companhia de pessoas grandiosas.

3. Há um grande poder de persuasão na pessoa que possui um caráter positivo.

4. Pessoas que vivem de queixas e lamentos não conseguem ter uma personalidade agradável.

5. A arte de ser agradável: essa simples característica é a base de todas as transações coroadas de êxito.

Para finalizar, ele propõe algumas Aplicações Práticas:

- Observe os hábitos das pessoas que você mais admira. Descubra suas qualidades positivas, seus pontos fortes, e os adote para si.
- Desenvolva a habilidade de falar com firmeza e convicção, tanto na conversa habitual como em reuniões públicas. Quando falar de outras pessoas, refira-se a elas sempre com integridade, honestidade e, quando for adequado, elogie-as com sinceridade.
- Vista-se apropriadamente, levando em conta a ocasião, o tipo físico e a posição que você ocupar na sociedade. Desenvolva a arte de apertar a mão expressando um sentimento caloroso e entusiasmado. Atraia para si as pessoas, deixando ser atraído por elas.

HÁBITOS: DESENVOLVA CONTINUAMENTE SUAS SKILLS

> *"Os hábitos são a vitória do tempo sobre a vontade."*
> (Michel de Montaigne)

O que faz uma pessoa ser um campeão no jogo da vida? Ter Sucesso? Nosso caráter, basicamente, é composto pelos hábitos que desenvolvemos. Como já vimos anteriormente, definimos Hábito como a interseção entre o conhecimento, habilidade e o desejo. O Conhecimento é o que fazer e o porquê de fazer, Habilidade é o como fazer e o Desejo é a motivação, o querer fazer. Ou podemos conceituar que hábito é uma rotina ou prática executada regularmente; uma resposta automática para uma situação específica.

Um dos mais novos livros que falam sobre a importância dos hábitos na nossa vida, *Hábitos atômicos*, de James Clear, dá uma visão contundente para nós. Ele fala: *"É muito fácil superestimar a importância de um momento decisivo e subestimar o valor das pequenas melhorias diárias.*

Muitas vezes, no convencemos de que um grande sucesso requer uma grande ação. Seja perder peso, construir um negócio, escrever um livro, ganhar um campeonato ou alcançar qualquer outro objetivo, pressionamos nós mesmos para gerar uma melhoria impressionante, que todos comentem... Enquanto isso, melhorar 1% não é particularmente notável – às vezes nem é perceptível –, mas pode ser muito mais significativo, especialmente em longo prazo. A diferença que uma pequena melhoria pode fazer ao longo do tempo é impressionante. Veja como a matemática funciona: se você conseguir ficar 1% melhor a cada dia durante um ano, acabará 37 vezes melhor quando terminar. Por outro lado, se ficar 1% pior a cada dia durante um ano, você declinará quase a zero. O que começa com uma pequena vitória ou um pequeno contratempo se acumula em algo muito maior".

O que você precisa parar de fazer? Quais hábitos atuais prejudicam a sua vida pessoal e profissional?

O que você precisa começar a fazer? Quais hábitos você precisa incorporar na sua rotina para ter mais saúde, sucesso e prosperidade?

O que você precisa continuar a fazer? Quais hábitos atuais você tem que proporcionam saúde sucesso e prosperidade?

Marshall Goldsmith afirma que existem 20 hábitos que provocam o insucesso. As pesquisas realizadas com milhares de profissionais no mundo inteiro revelam que esses hábitos são grandes obstáculos ao sucesso por aqueles que os praticam. Por favor, fuja deles! Corra!

1. Vencer a qualquer custo;

2. Agregar valor demais;

3. Fazer julgamentos;

4. Fazer comentários destrutivos;

5. Começar com frases como "não", "mas", "contudo";

6. Fazer alarde da própria inteligência;

7. Falar quando está com raiva;

8. Negatividade ou "deixe-me explicar por que isso não funciona";

9. Sonegar informações;

10. Não demonstrar reconhecimento;
11. Reivindicar o crédito não merecido;
12. Dar desculpas;
13. Ater-se ao passado;
14. Privilegiar os favoritos;
15. Recusar-se a pedir desculpas;
16. Não ouvir;
17. Não demonstrar gratidão;
18. Punir o mensageiro;
19. Colocar a culpa nos outros;
20. Necessidade excessiva de ser "eu mesmo".

E quais são os bons hábitos? Existem inúmeros! Mas vou compartilhar alguns que julgo de extrema importância para termos sucesso e prosperidade.

Para ter saúde física, adote os seguintes hábitos:

- Busque ter uma alimentação sábia;
- Faça exercícios regularmente e de forma equilibrada;
- Tenha repouso adequado, relaxamento e gestão do estresse.

Para ter saúde mental e psicológica:

- Tenha estudo e formação contínuos, disciplinados e sistemáticos;
- Cultive a autoconsciência;
- Aprenda e ensine continuamente.

Todos nós temos regras e hábitos para viver nossas vidas. Algumas são inerentes a nossa personalidade, tal como sorrir para as pessoas em um elevador ou ser simpático com novos conhecidos. Mas outras regras e hábitos, temos que adquirir. Bons hábitos praticados diariamente podem fazer a diferença nas nossas vidas. Aqui vão mais algumas dicas que você pode adotar:

- A vida é 10% do que acontece com você e 90% como você reage aos fatos;
- Dê mais do que você recebe;
- Prometa menos, entregue mais;
- Mantenha a vida simples, não complique;
- Mantenha o movimento, continue divertindo-se e continue sonhando;
- Trabalhe para viver, não viva para trabalhar.

HÁBITOS: BUSQUE A SINGULARIDADE

"Singular — Incomparável, ímpar, sem-par, um, uno, único, individual, distinto, notável, espantoso, original, extraordinário."

O que é Singularidade? É um termo feminino que se refere a algo ou alguém que possui a característica de ser único, que se distingue dos demais. Então, a pergunta é: como se destacar nesta imensidão de ideias e pessoas?

Entendermos a ideia de quem somos quanto aos resultados que obtemos é definido pela mentalidade que cultivamos. E para mudar a ideia de quem somos, ou os resultados que obtemos, precisamos mudar a própria mentalidade. Jacob Pétry e Valdir Bünchen fazem uma reflexão que vale a pena compartilhar aqui: *"Digamos que lhe pedíssemos para vasculhar suas convicções mais profundas em busca do motivo pelo qual a maioria das pessoas não tem o estilo de vida que gostaria de ter. O que você iria encontrar? É bem provável que descobrisse fortes indícios de que a grande parte das frustrações, das derrotas, dos medos, e até mesmo a falta de ousadia nascem de um secreto sentimento de incapacidade. E de onde vem esse sentimento?"*

Você pode atribuir à falta de inteligência, mas já vimos que não é. Então o que seria?

O primeiro ponto para obtermos uma vida de sucesso e próspera é termos conhecimentos. O conhecimento adquirido é a base de toda conquista e o que faz de você uma pessoa com grande potencial de sucesso. As pessoas de sucesso, que talvez tenham uma vida com maior prosperidade do que a sua, ganhando talvez cem vezes mais do que você, não têm cem vezes mais inteligência do que você, e não são cem vezes mais inteligentes do que você, e nem trabalham cem vezes mais do que você. Elas conseguem esses resultados porque simplesmente sabem mais do que você. Conhecem as regras que regem os negócios e que dizem como ganhar dinheiro e ser próspero.

Mas não adianta você ter valor se as pessoas não conhecem esse valor. O marketing é o segundo ponto para você ter uma vantagem e se destacar na multidão. O marketing é a máquina que comanda os negócios. Não basta só oferecer valor. Se ninguém souber o que você tem a oferecer (ou não se importar), não faz diferença quanto valor você criar. Um bom marketing leva as pessoas à sua porta. E as Marcas são símbolos em movimentos. E elas atraem pessoas que apoiam o que elas representam. Encontrar uma maneira de chamar a atenção das pessoas certas e fazê-las se interessarem pela sua oferta. Sem clientes potenciais, você não venderá nada e, sem fechar transações lucrativas, você fracassará.

Segundo Pedro Superti no seu livro *OUSE ser diferente*, vivemos uma crise de autenticidade. Mais pessoas do mesmo, mais empresas do mesmo, mais ideias do mesmo. E isso se reflete em um processo que chamamos de comoditização. Devemos entender que conseguir explicar por que nós não somos iguais às outras opções é responsabilidade nossa! Quando vendemos BARATO ou damos descontos nos nossos trabalhos, serviços ou produtos, estamos confirmando a suspeita de que não somos tão bons assim. Se fôssemos, não precisaríamos vender barato ou dar descontos para fechar o serviço, certo?

Por isso, precisamos investir na nossa Marca Pessoal! Como se diferenciar quando todos clamam ser os melhores?

Tornando-se uma marca de Terceira Geração! Que é aquela que não só existe, funciona, mas que inspira. Marcas são símbolos de movimentos. Elas atraem pessoas que apoiam o que elas representam. Marcas poetas focam em valores. No que representam. Nos significados que agregam às vidas das pessoas. Precisamos ter a capacidade de comunicar Emoção, pois essa será a ferramenta de transformação das próximas décadas. Essa é a chave para conquistar o coração das pessoas.

O quanto sabemos explicar como podemos resolver o problema de outras pessoas? O quanto nossos clientes sabem das dificuldades que passamos para chegar até aqui? Se a sua marca é uma marca poeta, ela entende que vendas não são um processo de convencimento, mas de reconhecimento.

Marketing é o que você faz para gerar demanda para você. Gerar demanda. Vendas é como você atende essa demanda para virar faturamento. Atender a demanda. O papel de contar ao mundo quem somos e o que representamos é do marketing. Quando essa pessoa procurar por nós, idealmente, ela já entendeu quem somos e o representamos.

Na Nova Economia, o nosso Grande Desafio é: Criar Valor, Ofertar Valor e Capturar Valor.

E como Criar VALOR?

Riqueza é o resultado de Valor... Quando você agrega valor a uma pessoa ou a uma organização, você pode ser pago por isso. Quando você agrega valor a muitas pessoas, você pode ser muito bem pago por isso.

Em vez de usarmos nossa criatividade para mudar as receitas das coisas e criarmos coisas novas, únicas, originais, muitas vezes nos contentamos em ser mais um fazendo o que todo mundo faz.

Criatividade é a capacidade de criar ALGO NOVO.

E um ótimo ponto de partida é a análise das dores e desejos do seu cliente.

AGORA CHEGAMOS A UM PONTO IMPORTANTÍSSIMO!
IMPORTANTÍSSIMO!
IMPORTANTÍSSIMO!

Como mostrar O QUE VALEMOS? A diferença entre o VALOR INTERNO X VALOR EXTERNO!

Veja se essa história é familiar... Algumas pessoas e empresas passam uma vida estudando, especializando-se, aprendendo novas técnicas, comprando novas tecnologias, formando a melhor equipe, fazendo mais e mais e buscando sempre a excelência. Querem ao máximo fazer o melhor para ajudar outras pessoas ao máximo. Mas o mercado parece não reconhecer. Algumas pessoas ignoram a qualidade... e só querem preço. Comparam você com outros profissionais ou empresas que não possuem a mesma qualidade. A comparação, por si só, já é uma ofensa. Mas essas pessoas só querem o preço mais baixo.

Essa é a relação VALOR INTERNO X VALOR EXTERNO!

As pessoas têm dificuldade de ver você agregar no valor interno. Elas enxergam primeiro o seu Valor Externo. O que está por fora. O que é imediatamente aparente, fácil de enxergar e julgar. As suas roupas, a sua sede, a sua marca, os seus parceiros, quem está na sua equipe, que tipo de clientes você atende, o quanto fatura, o quanto é reconhecido e respeitado no seu mercado.

Isso são coisas fáceis de ver por fora.

- Se você investir somente no seu Valor Interno, você se torna uma pessoa que tem muito, mas recebe pouco.
- Se você investir somente no seu Valor Externo, você recebe muito, mas tem pouco. Faz muito sucesso, mas por tempo limitado.

O SUCESSO ESTÁ EM SABER DESENVOLVER AMBOS!

Por que isso acontece? Isso é resultado de um mundo que coloca muito peso "naquilo que vê" e pouco "naquilo que se sente". Ter jamais será mais importante do que ser. É sendo que se tem. Não é tendo que se é.

A sua capacidade de ser bem pago pelo que você faz não está limitada à sua qualidade. Depois de certo ponto, investir mais em qualidade não muda o quanto você recebe. Ter qualidade é obrigação, não um diferencial. O que você precisa é investir naquilo que torna você diferente. A sua capacidade, além da qualidade, de ser único, especial, diferente. Isso, sim, afeta no quanto você é pago.

Entenda que NÃO existe relação... Entre ser o melhor e ser o mais bem pago. Mas existe uma relação entre ser diferente, gerar demanda e ser o mais bem pago.

ASSIM SENDO, INVISTA NO SEU VALOR EXTERNO! INVISTA EM MARKETING!

Vamos falar agora sobre a construção da sua Marca Pessoal?

> *"Em uma economia da atenção (como esta),*
> *as empresas (e pessoas) lutam para chamar atenção.*
> *Se não conseguir, você perde."*
> **(Seth Godin, autor do best-seller A vaca roxa)**

CONSTRUIR MARCAS NUNCA FOI FÁCIL. CONSTRUIR A SUA PRÓPRIA MARCA MENOS AINDA!

A vida moderna está sobrecarregada de coisas que pretendem chamar a sua Atenção. A regra Número 1 do Marketing é que a atenção disponível das pessoas é limitada. Para chamar a Atenção de alguém, você deve encontrar uma forma de contornar os filtros delas. A Atenção de alta qualidade tem que ser conquistada. Para ser notado, você precisa encontrar uma maneira de chamar a atenção sendo... Mais interessante ou útil do que as alternativas concorrentes. É bom ser o centro das atenções, mas o seu objetivo é fechar vendas lucrativas, não ganhar um concurso de popularidade.

Antes de seguirmos, quero alinhar alguns conceitos importantes com você!

Receptividade é a medida do quanto uma pessoa está aberta à sua mensagem. As pessoas ignoram o que não lhes interessa. Uma das principais funções do cérebro humano é a filtragem perceptiva: decidir em que prestar Atenção e o que ignorar. A maneira mais rápida de ser ignorado por alguém é começar a falar sobre algo que não interessa à pessoa.

Mas o que é Marca? Uma marca é um nome, termo ou símbolo que identifica os bens e serviços de um profissional ou empresa, diferenciando-os da concorrência.

Já Marca Pessoal é a sua reputação e o seu legado. É a forma como as pessoas lembram de você, por meio das suas ações, conhecimentos e relacionamentos.

E o *Branding* é o processo de construção e gestão de uma marca, tais como seu nome, imagem ou valores a ela associados. E Marketing é a arte de explorar, criar e entregar valor para satisfazer necessidades e/ou desejos de um mercado por meio de produtos, serviços ou ideias.

Nosso objetivo nesta obra é que você obtenha o hábito de Buscar a Singularidade e, como vimos, a construção da marca é essencial nesse processo. A seguir, dou algumas dicas de livros pelos quais você pode aprofundar seus conhecimentos, buscar *insights* e dicas!

- *Atenção: o maior ativo do mundo*, de Samuel Pereira.
- *Presença digital*, de Tércio Strutzel.
- *Personal branding*, de Arthur Bender.
- *Detonando*, de Gary Vaynerchuk.
- *Economia da influência*, de Flávio Santos.

Boa leitura!

CAPÍTULO 7

OS ALAVANCADORES DO FLYWHEEL:
PREMISSAS

Vimos que o Método SPA/CFE, o primeiro dos dois *flywheels*, é composto do Sentir, Pensar e Agir, e o segundo, da Clareza, Foco e Execução. Entre os dois *flywheels* estão os alavancadores, a Antecipação, a Adaptação e a Aprendizagem, que ajudarão a girar os *flywheels*. Este método visa ampliar e acelerar seus aprendizados para obter sucesso e prosperidade na nova economia.

Antecipação,
Aprendizagem
e Adaptação

Um alavancador é algo que faz avançar ou promove o desenvolvimento de alguma coisa, é fomentar, incentivar. O que faz um alavancador? Ele estimula, caracteriza e antecipa fatos. Um conjunto de motivos gera um conjunto de ações (motivo + ação = motivação). Como já falamos anteriormente sobre nosso método, é preciso muito esforço para começar, mas quando começa a girar, há contrapesos ao redor da roda

CAPÍTULO 7

(os Alavancadores) que começam a surtir efeito e começam a ganhar impulso quase por si só. A partir desse ponto, o mesmo esforço pode ser colocado no *flywheel* e ele começará a girar cada vez mais rápido. No nosso caso, esses alavancadores são a Antecipação, a Adaptação e o Aprendizado, que são as premissas para você atingir seus objetivos e ter uma vida mais plena.

Vamos agora conhecer em detalhes os Alavancadores do *flywheel*, que são a Antecipação, a Adaptação e o Aprendizado.

ALAVANCADOR: ANTECIPAÇÃO

"O futuro é uma caixa-preta?"
(Luis Rasquilha)

Iniciamos este Alavancador com estes parágrafos do livro *A NOVA GESTÃO, volume 1.*

> *"Muito do que vai acontecer nos próximos 30 anos é inevitável, definido por tendências tecnológicas que hoje já estão em movimento. Neste novo livro, Kevin Kelly oferece um roteiro para esse futuro, mostrando como as próximas transformações afetarão nossas vidas – desde a realidade virtual em casa até a inteligência artificial presente em tudo o que fabricarmos. Não adianta resistir: as maneiras como compramos, trabalhamos, aprendemos e nos comunicamos uns com os outros serão completamente (ainda mais!) revolucionadas. O que podemos fazer é compreendê-las e abraçá-las, para assim aumentarmos a probabilidade de nos beneficiarmos delas – é aí que este livro se mostra indispensável. Daqui para frente, o que você deve inventar? Onde é melhor trabalhar? É sábio investir em quê? Como atingir melhor os clientes? Como começar a se posicionar nesta realidade emergente? São essas as perguntas a que o Inevitável vem responder.*
>
> *O parágrafo acima é como o Google Books descreve a obra de Kevin Kelly. Nesta obra, ele faz uma grande contribuição de como devemos anteci-*

par as mudanças que moldarão o futuro, que é o que vamos analisar agora. Tem uma das frases no livro que gosto muito. O autor diz: "Você chegou bem a tempo. Todos nós, sem exceção, seremos eternos novatos no futuro". Quero que você grave bem essa afirmação. Neste mundo VICAI, muitas das situações que estamos vivendo são inéditas, o que reforça que devemos estar sempre aprendendo. No futuro, somos eternos novatos e aprendizes."

Assim sendo, a mudança constante, a antecipação, o aprendizado e a adaptação ao mercado são o que garantirão a competitividade e longevidade das pessoas e organizações. Adaptar-se para ter sucesso é a única opção!

Mas como saber o que há por vir?

SINAIS FORTES E SINAIS FRACOS

No livro *A NOVA GESTÃO VOL. 1*, abordamos o tema, já preocupados com o que a falta de análise dos sinais pode causar às pessoas e organizações, e complemento com um parágrafo do livro *Organizações infinitas,* que também aborda o assunto. O que agora pretendo é trazer essa discussão, para analisar como que ela pode afetar nossas vidas e nosso trabalho.

Ativando o radar em tempo real: sinais fracos e sinais fortes

Mesmo o desconhecido é possível saber?

"A Peste Negra não se repetirá – a peste é facilmente curada por antibióticos (embora a eficácia dos antibióticos esteja ameaçada) – e um surto significativo de Cólera em um país desenvolvido é altamente improvável. Mas devemos esperar ser atingidos por uma epidemia de uma doença infecciosa resultante de um vírus que ainda não existe". Esta afirmação foi feita no livro *Incerteza radical*, escrito por Mervyn King e John Kay.

Até aí nada demais, hoje todos já sabemos disso. Mas o espantoso é que esse livro foi publicado antes da Covid-19. Como eles sabiam o que iria acontecer? Para ajudar você a detectar essas grandes mudanças que impactarão o seu negócio, criei o método C I A – Captar, Interpretar e Agir (antecipar-se e adaptar-se).

O primeiro passo do método consiste em você CAPTAR todas as informações relevantes, os sinais fortes e fracos das mudanças que estão por vir, para que possa INTERPRETAR como elas impactam o seu negócio (positivamente ou negativamente) e AGIR (antecipar-se ou adaptar-se).

Utilizando o método CIA, a sua empresa poderá ser Proativa diante do mercado, que é quando a organização antecipa as mudanças que ocorrerão antes das mesmas acontecerem. A segunda opção é sua empresa ser Reativa diante do mercado, que é quando a organização se adapta às mudanças ocorridas. Ou, pior ainda, não reagir, não se adaptar. Quem você acha que levará mais vantagens: aquele jogador que sabe onde a bola estará ou aquele que vai em busca da bola depois que ela foi movimentada?

"Está cada vez mais evidente que as mudanças no mercado estão se acelerando. Monitorando ativamente essas mudanças, percebemos que não bastava apenas saber quais eram; era preciso entender os princípios fundamentais que as inibem ou as promovem... Essa nova dinâmica acelerada exige que a organização – por meio das suas pessoas – reaprenda a decodificar os sinais das mudanças... As organizações que ambicionam o infinito precisam ser capazes de detectar também os 'sinais inevidentes', mais fracos, aquelas coisas estranhas – por vezes desconfortáveis – que estão bem ali na frente e podem nos pegar. O inevidente, quando o seu tempo enfim chega, se torna evidente para todos." (Livro *Organizações infinitas*)

E como fazer isso para sua vida pessoal? Ativando o radar em tempo real pela captação dos sinais fortes e sinais fracos. Para ativar o radar, faça a seguinte reflexão:

Para descobrir Sinais Fortes:
- O que o nosso mercado de trabalho está dizendo?
- Que impactos estão sendo gerados pela automatização?

Para descobrir Sinais Fracos:
- O que o mercado de trabalho não está dizendo?
- Quais são as mudanças que estão acontecendo no contexto que podem impactar meu trabalho?

Ninguém consegue planejar para um futuro que não consegue ver. Importante! Quando você capta os sinais fracos, o seu grau de liberdade de ação é maior. Você tem a opção e um tempo maior para testar e validar hipóteses. Pode errar e aprender com menores custos e impactos. Mas à medida que aqueles sinais fracos vão se tornando sinais fortes, os quais todos começam a perceber e adotar, o seu grau de liberdade vai continuamente diminuindo até chegar um ponto que se torna imperativo você se adaptar àquela mudança para não correr o risco de desaparecer do mercado.

Será que a sua empresa e você são Proativos ou Reativos diante do mercado? Diante de um mundo em mudanças, temos duas opções: sermos reativos ou proativos.

Analise o quadro e veja onde você se enquadra.

Como a antecipação funciona na prática

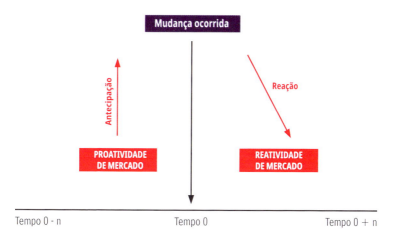

Adaptado de Empresas Proativas 4.0.

Se identificou que você tem mais características de uma pessoa reativa, recomendo você imediatamente buscar desenvolver as capacidades de uma pessoa proativa. Pois em nenhum momento da história foi tão necessário nos anteciparmos às mudanças para sermos competitivos.

Decodificando Sinais no Mundo do Trabalho:
1. Quais são os principais sinais de mudança no Mundo do Trabalho?
2. O que devemos antecipar para estarmos preparados para qualquer futuro?

ALAVANCADOR: APRENDIZAGEM

> "Aqueles que utilizarem suas habilidades para compreender os mecanismos do mercado de trabalho que funcionarão a partir de agora, serão os mais preparados para conquistar carreiras sólidas e de sucesso."
>
> (Eberson Terra)

A APRENDIZAGEM COMO CONSTRUTORA DO FUTURO

Conforme dizemos nos capítulos anteriores, nesta Nova Economia temos que ser eternos aprendizes. Só assim teremos relevância e conseguiremos alcançar o sucesso. Você deve identificar as novas competências a serem desenvolvidas, bem como ter atenção ao *timing*, pois nem sempre o que é importante hoje terá relevância amanhã.

O conhecimento adquirido é a base de toda conquista, e que juntamente com suas atitudes, é o que faz de você uma pessoa diferenciada. As pessoas de sucesso, que talvez gerem impacto muito maior do que você e ganhem muito mais do que você, não são mais inteligentes nem talvez trabalhem mais do que você. O que as diferencia é que elas sabem mais; conhecem as regras que regem os negócios e que dizem como ganhar dinheiro, gerar resultados e ter sucesso. E estão sempre dispostas a aprender.

Com que grau de curiosidade, intensidade, frequência e amplitude você está buscando adquirir novos conhecimentos? Você está tendo o hábito de aprendiz ao longo da vida? Você está tendo a desconfortável sensação de não estar aprendendo o suficiente e no ritmo necessário?

IMPORTANTE! As pessoas de sucesso não apenas têm os conhecimentos. Elas têm e seguem valores e hábitos pessoais sólidos que conduzem ao sucesso, tais como entusiasmo, dedicação, foco, persistência, determinação e honestidade, como analisamos anteriormente.

John Pugliano afirma: "Um fator essencial de sucesso e prosperidade na revolução da automação será a habilidade de transformar o conhecimento em sabedoria". (Livro *A chegada dos robôs*)

Portanto, se o conhecimento é chave para o sucesso e prosperidade, a aprendizagem é fator crítico de sucesso na nova economia. E como buscar aprender de forma mais efetiva?

"Aprender para sobreviver nestes novos tempos virou palavra de ordem, e em torno disso, uma profusão de soluções se apresenta. A preocupação com a relevância profissional, somada às possibilidades de oferta de conteúdo trazidas pela tecnologia, configura um cenário novo e um mercado educacional em efervescência", na opinião de Alexandre Teixeira e Clara Cecchini, no livro *Aprendiz ágil*.

Robert Greene, autor de *Maestria* e *As 48 leis do poder*, afirma que ao longo da história os Mestres de todas as áreas conceberam para si mesmos várias estratégias que os ajudaram a buscar e a completar a aprendizagem ideal. A primeira delas é: valorize o aprendizado, nunca o dinheiro. É preciso valorizar o aprendizado acima de tudo, atitude que o orientará para todas as escolhas certas.

Eberson Terra, em *Carreiras exponenciais*, livro que faz um alerta sobre a necessidade de desaprender e aprender na Era Digital: *"Trago-lhe a reflexão sobre a obsolescência do seu conhecimento, ou seja, o quão perecíveis são hoje as informações e os métodos que você aprendeu no passado. Esse é o primeiro exercício para não ficar para trás. Ao identificar potenciais conhecimentos obsoletos e que ainda são muito utilizados por você em seu dia a dia, será necessário encontrar o melhor mecanismo para se capacitar e/ou se atualizar"*. Existem inúmeras formas de buscar essa capacitação neste novo mundo do trabalho. Plataformas tais como YouTube, Khan Academy, Udemy, LinkedIn Learning, Duolingo, Coursera, enfim, são muitas, e o que é melhor, muitas delas são gratuitas. Fazer essa pesquisa e curadoria do que melhor atende às suas necessidades de *upskilling* ou *reskilling* é um trabalho que deve ser seu, pois ele é pessoal e intransferível, feito exclusivamente por você e para você.

Se aprender é uma grande necessidade neste novo mundo do trabalho, nada melhor do buscar aprender de forma ágil. A chegada das máquinas inteligentes aos escritórios e fábricas cria um clima favorável ao aumento da produtividade, mas eleva o risco de obsolescência profissional. Por isso, é hora de aprender com agilidade – ou seja, de ser um aprendiz ágil. Essa é a proposta da metodologia de Alexandre Teixeira e Clara Cecchini no livro *Aprendiz ágil – lifelong learning*, subversão criativa e outros segredos para se manter relevante na Era das Máquinas Inteligentes.

O QUE É APRENDIZAGEM ÁGIL?

Na opinião dos autores anteriormente citados, ser um aprendiz ágil passa por compreender esse contexto e saber navegá-lo. Os estímulos são muitos, e as promessas de solução são infinitas. Porém, em um ambiente de volatilidade, incerteza, complexidade, ambiguidade e ineditismo, é preciso ter consciência de que não haverá uma resposta definitiva para a angustiante pergunta: "O que eu preciso aprender para ter sucesso?" Embora essa solução seja prometida por uma oferta de produtos educacionais sem precedentes, que encontram consumidores ávidos, o aprendiz de nossos tempos e do futuro não encontrará seu lugar se não tomar as rédeas de seu processo de aprendizagem contínuo.

Para isso, é fundamental compreender como o cenário da transformação digital muda o sentido do que é aprender. Em especial, em dois aspectos. O primeiro se refere ao entendimento da direção do processo de aprendizagem: aprender não é apenas reagir a uma demanda externa de conhecimento – aprender é um processo de autoria da própria vida e da vida em sociedade. Portanto, não é possível falar de aprendizagem sem falar da ética, que pressupõe extrapolar a visão de sucesso individual para uma visão de bem-estar coletivo. O segundo aspecto é que, como a velocidade das mudanças nos reserva um futuro desconhecido, a necessidade de aprender torna-se uma constante. Essa compreensão pode transformar a angústia da insuficiência de conhecimento em uma nova forma de estar no mundo: ser um aprendiz ágil.

Resumindo, o que é aprendizado ágil? É a capacidade de aprender rapidamente e se ajustar às características de um ambiente de negócios; é, antes de tudo, uma competência que você deve adquirir.

> *"Agilidade é muito mais do que velocidade ou rapidez, e não tem nada a ver com pressa. Agilidade é ter foco no valor entregue acima do cumprimento de processos e regras... Aprendiz ágil é aquele que toma as decisões sobre sua própria aprendizagem ao longo da vida e a partir do mindset ágil. Adaptabilidade e flexibilidade são princípios fundamentais. O aprendiz ágil tem uma visão de processo incremental e conectado à realidade, em que é seu papel definir o que aprende e como colocar em prática. Não espera um manual de uso do conhecimento, mas ele mesmo faz as pontes e compartilha os insights que vêm da prática. Nesse sentido, a colaboração, outro princípio do mindset ágil, também é ouro para o aprendiz ágil: o aprendizado se potencializa quando compartilhado; ganha sentido quando vai para o mundo."* (Alexandre Teixeira e Clara Cecchini)

O fogo do aprendizado é a curiosidade, e ela precisa queimar por dentro.

Um dos grandes professores que o mundo já teve foi Richard Feynman, ganhador do Nobel em 1965, a sua lição mais reveladora para o mundo foi a ideia de ensinar para aprender. As suas conclusões sobre o assunto mostraram que quem deseja realmente aprender alguma coisa, ter maestria em um tema, deveria tentar ensinar o assunto para alguém – e se imaginar tentando ensinar a uma criança.

"Como você pode fazer melhor?", "Por que fazer diferente e com mais resultados?", "Como eu posso mudar isso?". São perguntas como essas que devem direcionar o que você deve aprender para ter sucesso e prosperidade nesta nova economia. É sobre isso que falaremos agora.

Complementando o que já vimos anteriormente, o presente estudo do Fórum Econômico Mundial (relatório Futuro do Trabalho) identificou as dez competências mais recorrentes nas tendências reunidas pela WGSN (uma empresa de previsão de tendências). São elas:

Elas prometem definir as próximas *soft skills* mais exigidas pelas empresas daqui para a frente. Essas dez competências serão visíveis em tudo. O que envolve a vida profissional, desde a nossa capacitação para a entrada no mercado até a noção que teremos de sucesso e satisfação.

> *"Eu acho que o mundo está muito focado em hard skills, como ciência da computação, ciência de dados e inteligência artificial. Sejamos claros, essas habilidades são muito importantes. No entanto, a combinação de hard skills com soft skills, como comunicação, pensamento crítico e trabalho em equipe, é mais vital. Essas habilidades são necessárias em todos os trabalhos e são essenciais para o sucesso profissional em todos os setores."*
> (Anant Agarwal_ fundador e CEO da eDX, um fornecedor maciço de cursos online abertos/MOOC para o LinkedIn, em pesquisa feita com a Capgemini: The Digital Talent Gap)

O Estudo *Tech is Human – O Futuro do Trabalho da WGSN LinkedIn* traz para nós uma importante reflexão:

> *"Se pudermos eleger a área mais crucial para uma mudança de mentalidade, que nos ajude a fazer uma transição saudável para a Quarta Revolução Industrial, essa é, por unanimidade, a educação. A educação é o princípio de tudo. O que aprendemos cedo na vida influenciará substancialmente a maneira como enxergaremos a realidade e que ferramentas usaremos para transformá-la... As empresas do futuro vão procurar funcionários com uma gama diversificada de habilidades, que combinam capacidades técnicas com inteligência emocional e social. Pesquisa da Deloitte de 2016 mostra a importância de se ensinar criatividade, empreendedorismo e resolução de problemas complexos em programas acadêmicos, tornando quase obsoleto o ensino que não considerar esses recursos.*
>
> *As habilidades priorizadas por escolas de pensamento linear são precisamente aquelas que os algoritmos são capazes de produzir, de forma muito mais rápida e confiável."* (David Deming, professor da Escola de Pós-Graduação em Educação de Harvard)

ALAVANCADOR: ADAPTAÇÃO

> *"Inteligência é a capacidade de se adaptar à mudança."*
> (Stephen Hawking)

O livro *Organizações infinitas* aborda o tema das mudanças da seguinte forma: *"O Novo Mundo se comporta de maneira completamente instável. A volatilidade é sua natureza essencial. Nele, nada fica em seu estado de origem por muito tempo. Ele muda hábitos, cria miragens e não se permite agarrar. Seu estado normal é a impermanência, e a mudança está completamente entremeada ao nosso cotidiano, cada vez mais travestida de normalidade. Como diz o sociólogo Richard Sennet, 'a instabilidade pretende ser normal'".* E isso reflete diretamente no sucesso pessoal de cada um de nós.

Como é que algumas pessoas começam de uma posição perdedora e terminam ganhando? Como outros seguem a trajetória oposta, começando em uma posição de ganhador e terminando perdendo? Por que algumas pessoas conseguem adaptar-se com facilidade e outras não?

Encontrar respostas para essas perguntas significa examinar a ciência da Adaptação, em busca de respostas que facilitem esses processos diante de um mundo do trabalho que muda com uma velocidade exponencial. Significa também examinar exemplos de pessoas que conseguiram adaptar-se com maior rapidez.

Nos estudos sobre adaptabilidade, foram detectados três passos que devem ser seguidos para que as adaptações desejadas tenham êxito.

- **Passo 1: reconhecer a necessidade de adaptação.** Se não se reconhece a necessidade de adaptação ou a oportunidade para adaptar-se, não pode haver um desejo intencional de fazê-lo.

- **Passo 2: compreender a adaptação requerida.** Reconhecer a necessidade de adaptação é um bom começo, mas existem muitas pessoas que reconhecem os problemas, mas não sabem o que fazer a respeito.

- **Passo 3: fazer o que for necessário para adaptar-se.** É inteiramente possível que você conheça que deveria estar realizando mudanças para solucionar algum problema ou aproveitar alguma grande oportunidade, sem que faça nada para conseguir realizá-las. Para ser bem-sucedido no processo de adaptação, você tem que fazer o que é necessário ser feito. Existirão dificuldades, resistências, dores e desafios, mas para que você tenha sucesso e relevância nesse novo mercado, não há alternativa.

Esses três passos explicam em um nível elevado o que foi que levou a uma adaptação exitosa ou fracassada. Cada passo implica trabalho e conhecimento de detalhes, e não podemos sugerir que a solução de problemas difíceis seja fácil. Sem dúvida que o esforço requerido para fugir disso seja necessariamente maior do que o esforço para continuar na mesma situação.

A diferença está no enfoque em atuar de maneira diferente. É preciso que você possa imaginar várias situações no futuro, umas piores, outras idênticas e outras melhores. O uso da imaginação irá lhe permitir reconhecer um problema enquanto ainda há tempo para solucioná-lo. A imaginação permite aventurar-se fora dos limites da caixa e elucidar como criar novas regras e saídas.

> *"Se é inevitável prever um Cisne Negro e se Rinocerontes Cinzas entram nas nossas vidas, o nosso trabalho enquanto indivíduo é se adaptar à nova realidade. Esse mesmo processo de adaptação acontece quando trocamos de ambientes de trabalho ou ingressamos em projetos ainda desconhecidos... experimentar algo completamente novo é sempre desafiador... Na física, o termo 'resiliência' corresponde à propriedade de certos corpos de retornar à forma original após sofrerem alguma deformação ou choque. Nos últimos anos, ele também foi difundido como sendo uma habilidade importante para os profissionais no mundo do trabalho. Desta maneira, profissionais resilientes teriam a capacidade de não se abalar com estímulos negativos e situações adversas, adaptando suas atuações ao cenário apresentado.*
>
> *Mesmo sendo considerada por muitos como a mais importante competência do século XXI, o conceito por si só esbarra em alguns entraves, que foram resolvidos pelo próprio Nassim Taleb, em seu livro Antifrágil: coisas que se beneficiam com o caos. Enquanto a resiliência, por essência, remete à nossa aptidão de retornar ao que éramos, nos mantendo os mesmos diante de dificuldades apresentadas, a antifragilidade seria a habilidade de crescermos após momentos de estresse e incertezas."*

Foi com esses parágrafos que Eberson Terra abordou o tópico Adaptando ao Novo, que está em perfeita sintonia com as discussões e ideias que apresentamos até aqui.

E você pode estar pensando: "Ok, entendi o que é adaptação, mas eu tenho que me adaptar ao quê?"

Você tem que se adaptar a este novo mundo do trabalho que possui novos desafios e novas oportunidades:

- Velocidade exponencial;
- Mudanças no conceito de construção de carreiras profissionais;
- Processo de horizontalização das organizações;
- Fim da hierarquia e organogramas piramidais;
- Oportunidade de determinar seu próprio futuro;
- Mudanças no papel do líder;
- Trabalho híbrido ou *anywhere office;*
- Necessidade de *reskilling* ou *upskilling;*
- Desafios plurais, multidirecionais e *multiskills;*
- Necessidade de um novo *mindset;*
- Ambiente de negócios volátil, incerto, complexo, ambíguo e inédito.

A única maneira de garantir a nossa adaptação e combatermos a obsolescência é a renovação contínua. Neste mundo instável e imprevisível, a única maneira de buscarmos o sucesso contínuo é liderar o próprio processo de destruição. E isso não vale somente para nós seres humanos, serve também para as organizações. A autora Lisa Bodell aborda esse tema de forma corporativa no seu livro *Kill the Company.*

A rotina e o sucesso passado impedem a sua capacidade de aceitar e se adaptar às incertezas e perceber as mudanças.

E você deve estar se perguntando: "Por que abandonar coisas que deram certo para se aventurar em coisas desconhecidas?"

Este é o último capítulo de métodos e estamos certos de que você está entusiasmado para colocar em prática todo o possível que aprendeu neste livro.

Não são poucas as mudanças! Mas se tivermos Clareza, Foco e Execução, conseguiremos ter sucesso e prosperidade nessa Nova Economia. E estes são justamente os tópicos do nosso próximo capítulo, onde aprofundaremos o segundo *flywheel* do Método SPA/CFE.

Vamos começar a jornada de desenvolvimento?

 Acesse sua Jornada de Desenvolvimento sobre
OS ALAVANCADORES DO FLYWHEEL

WORKBOOK

> *"Quando você melhora um pouco a cada dia, coisas grandes começam a ocorrer. Não procure por melhoras rápidas e grandiosas, busque a pequena melhoria, um dia de cada vez. É o único modo para que aconteça – e, quando acontece, dura."*

John Wooden
Treinador de futebol americano

Seja bem-vindo(a)!

Esse espaço é totalmente dedicado para você anotar suas ideias, reflexões e respostas às atividades recomendadas pelos autores.

A estrutura do *workbook* foi pensada em três perspectivas para ajudá-lo na jornada de aprendizagem – clareza, foco, execução.

CLAREZA

A primeira perspectiva é a "clareza" - A clareza tem por objetivo alinhar o seu propósito à sua visão de futuro para concretização das suas conquistas. Sem Clareza, você irá resistir às mudanças estratégicas. Adquirir a Clareza aumentará sua efetividade e você irá acelerar seu Sucesso e Prosperidade.

A CLAREZA + FOCO + EXECUÇÃO = SUCESSO.

Clareza é a habilidade de deixar claro o que você realmente quer alcançar. Clareza é saber o que você quer e por que você quer.

Significa saber:

- O que você quer?
- Por que você quer isso?
- Como você irá fazer?
- Quais os benefícios em fazer?
- E quais os resultados negativos se não fizer?

Pessoas de Sucesso sabem o que elas realmente querem e estão dispostas a fazer o que for preciso para obter o que querem.

PARA INCENTIVAR VOCÊ, SELECIONAMOS 2 ASSESSMENTS.

1 - FORÇAS DE CARÁTER

Apresenta quais são as suas maiores e menores forças e você poderá refletir se estão adequadas ao seu momento de vida.

A ideia é fazer você ter a consciência em relação as forças que são necessárias para gerar os resultados que você precisa. Pode ser que algumas dessas forças estejam nas últimas posições e você deve trazê-las para as primeiras posições. Trazer é praticar a força com maior assertividade e intensidade. Exemplo: Você deseja se demitir para montar um negócio ou vai falar em público pela primeira vez para uma grande plateia e a sua força "bravura" é uma das dez últimas forças. Você deve ter a consciência de elevar essa força para uma das suas cinco primeiras forças. Que são as "forças de assinatura" – forças que recorremos mais no dia a dia porque nos traduzem melhor. Captam nossa singularidade e essência.

Devemos entender o termo caráter no *assessment* como as crenças e atitudes que fazemos uso no dia a dia em relação a trabalho, família, amigos, sociedade etc. É como somos e agimos em nossas vidas. Caráter pode ser visto como nossas características.

Quando nascemos, todos possuímos as 24 forças de caráter, no entanto, ao longo da vida utilizamos mais algumas do que outras. Isso varia de acordo com as nossas experiências e interesses. Objetivando reunir essas características pessoais, Martin Seligman e Christopher Peterson, psicólogos da área de análise do comportamento humano, identificaram um conjunto de forças de caráter correlacionadas com seis virtudes universais valorizadas na maioria das culturas:

2 – VALORES PESSOAIS

Esse *assessment* vai apresentar os seus valores positivos e, porventura, os potencialmente limitantes. Os valores potencialmente limitantes são os seus medos.

Seus valores demonstram o que é, de fato, importante para você. É uma forma simples e direta de descrever suas motivações, interesses, prioridades. Os valores atuam em conjunto com suas crenças para a tomada de decisão.

Você terá a oportunidade de calibrar a sua hierarquia de valores de acordo com as suas necessidades, ou seja, colocar em ordem de prioridade o que deve vivenciar no atual momento da sua vida, pois é o mais importante. Exemplo: você assumiu uma paternidade ou maternidade e o valor "família" não aparece ou é o último da lista dos dez valores que o resultado do *assessment* apresenta. Você agora terá a oportunidade de colocar esse valor como uma prioridade e irá vivenciá-lo mais intensamente.

O Barrett Personal Values Assessment (PVA) é um teste simples, gratuito e rápido que ajuda a explicar o porquê você faz o que você faz.

O autor da metodologia, Richard Barrett, trabalha com autoconhecimento para melhorar a tomada de decisões.

Nossos valores mudam de acordo com as circunstâncias da vida, e podem mudar ao longo do tempo.

FOCO

A segunda perspectiva é o "foco" – O foco tem por objetivo fazer você persistir, gerar disciplina, determinação, antifragilidade e automotivação em busca dos seus projetos e metas traçadas com clareza.

A expressão "ter foco na vida" significa ter um objetivo, sempre persistir, também planejar para o futuro. Foco é um substantivo masculino e significa nitidez, um ponto de convergência e um alvo claro. Foco é onde está a atenção da pessoa ou onde deveria estar, se ela tem um objetivo a seguir. Foco tem tudo a ver com produtividade. E produtividade, por sua vez, se relaciona com definições claras do que precisa ser feito. Isso significa que, para se manter focado, é essencial saber exatamente quais são as próximas atividades a serem realizadas.

O Foco é a habilidade de eliminar distrações para concentrar-se em atividades que gerarão os mais significativos resultados.

PARA FORTALECER VOCÊ, SELECIONAMOS 2 ASSESSMENTS.

1. GARRA

Apresenta o seu nível de paixão e perseverança pelo que faz. Esse nível, quando elevado, pode fazer você se destacar entre outras pessoas, se sobressaindo e alcançando resultados diferenciados;

2. MINDSET DE CRESCIMENTO

Apresenta a sua atitude mental de enxergar a inteligência e outras habilidades fundamentais como potenciais a serem desenvolvidos. É a sua crença que pode aprender e evoluir com o tempo, esforço, aprendizado e experiência;

Todos os *assessments* recomendados para serem realizados impactam em sua forma de sentir, pensar e agir.

EXECUÇÃO

A terceira e última perspectiva é a "execução" – A execução é onde acontece o jogo. É fazer o que precisa ser feito sem procrastinar. É o ritual diário de analisar e executar as atividades, que podem ser, diárias, semanais, mensais, anuais ou eventuais.

A Execução é a habilidade de usar a comunicação estratégica para superar expectativas e obter resultados mais rápidos.

Agora que você fez e estudou todos os *assessments* recomendados no SENTIR e PENSAR, realize as atividades da Jornada de Desenvolvimento que estão distribuídas por capítulo.

Enfatizamos que a realização das atividades da Jornada de Desenvolvimento é o "treino" preparatório para a execução, ou seja, quanto mais treinamos nos tornamos aptos a fazer bem as atividades necessárias para conquistar nossos objetivos.

ATIVIDADES

Antes de entrarmos nas atividades dos capítulos, conte a sua "história de vida" no futuro.

Essa atividade é para você imaginar um "desfecho" da sua trajetória profissional. Aquele momento em que você tira o pé do acelerador porque quer (mesmo que decida continuar trabalhando em outro ritmo e frequência) ou a vida lhe impõe "surpresas" que obrigam você a desacelerar ou até parar de vez.

Independentemente de continuar ou não a trabalhar, permita-se a imaginar você com 80 anos de idade. Como você estaria profissionalmente e pessoalmente? Imagine você no sentir, pensar e agir. Imagine você na clareza, foco e execução. Imagine você âmbito de trabalho, família, sociedade etc. Imagine...

A história de vida é uma atividade de alta relevância. Faz você refletir sobre o futuro que deseja e no presente que precisa para conquistar esse futuro. Obriga-nos a pensar em propósito, visão de futuro, valores, objetivos, indicadores e metas, planejamento, organização, execução, pessoas que precisamos para nos ajudar nessa jornada, conhecimentos, habilidades e atitudes que precisamos desenvolver para ser um profissional e um ser humano melhor.

É uma atividade que realizada inicialmente fará você encarar as demais atividades por capítulo com um outro olhar. Afinal, para construir essa história de vida, provavelmente ou inevitavelmente você terá que passar por essas questões dos capítulos, além de outras que estão por vir.

CAPÍTULO 1

UM MUNDO DESAFIADOR

1. Qual o significado e importância do trabalho para você?
___
___
___

2. O que motiva você a trabalhar? Pagar as contas, desejo material, transformar o mundo, deixar um legado etc.
___
___
___

3. Caso pudesse voltar no tempo, quais decisões teria tomado melhor para enfrentar esse mundo desafiador e por quê?
___
___
___

4. O que você pretende mudar e jamais mudar em você para enfrentar esse mundo desafiador? Justifique.
___
___
___

CAPÍTULO

2

VOCÊ QUER SUCESSO E PROSPERIDADE NA NOVA ECONOMIA?

1. Você já analisou se a sua profissão será digitalizada ou automatizada? Analise bem. Pode ser que ela seja em parte ou totalmente.

2. Será que é melhor trocar de profissão, segmento? Justifique.

3. Quais são as suas habilidades que dificilmente uma inteligência artificial irá substituir? Essas habilidades devem ser aquelas em que você recebe *feedbacks* positivos e são responsáveis pelo seu sucesso.

4. O que você fará para se adaptar à Nova Economia? Qual o seu plano para ser um profissional do futuro?

CAPÍTULO

3

O QUE É UMA PESSOA DE RESULTADO

1. Você se considera uma pessoa de resultados na Nova Economia? Por quê? Faça uma lista dos três principais resultados que você gerou e impactaram positivamente um ambiente, comunidade, organização etc.

2. Como você se classifica e por quê?

Alto impacto: realizo trabalho de valor e impacto ( )
Justificativa:

Comum: tenho talento e realizo o trabalho concreto,
mas não brilhante ( )
Justificativa:

Subcontribuidores: tenho talento e inteligência,
mas atuo abaixo da minha competência ( )
Justificativa:

3. Discorra na tabela a seguir sobre seu atual desempenho (AD) e ideal desempenho (ID):

O QUE FAZ SUBIR MEU NÍVEL AD?	O QUE FAZ CAIR MEU NÍVEL ID?

Pessoas de resultados resolvem os problemas de outras pessoas.
Você, como profissional, deve resolver os problemas dos seus clientes.
Pense agora em qual problema você resolve do seu cliente.
Pense em seu cliente atual e cliente futuro.

CLIENTE ATUAL: (Nome da empresa ou profissional):	PROBLEMA:	COMO VOCÊ RESOLVE:
CLIENTE FUTURO: (Nome da empresa ou profissional):	PROBLEMA:	COMO VOCÊ RESOLVE:

Anotações:

CAPÍTULO 4

O MÉTODO SPA/CFE PARA TER SUCESSO E PROSPERIDADE NA NOVA ECONOMIA

Reflita o quanto você domina (desempenho) das partes do *framework* da Nova Gestão. Faça uma análise das suas habilidades e experiência prática. Veja qual parte poderia ensinar alguém sobre esse assunto. Essa é uma área de domínio. A parte que não ensinaria ninguém é seu *gap*. Analise se faz sentido você dominar essa área ou se é melhor contratar alguém para fazer a gestão.

Avalie-se: (1) – discordo totalmente (2) – discordo parcialmente (3) – nem concordo, nem discordo – (4) concordo parcialmente – (5) concordo totalmente.

CAPÍTULO 5

O FLYWHEEL SENTIR PENSAR E AGIR

1. Você é uma pessoa que é mais protagonista do que vítima ou mais vítima do que protagonista? Onde você passa mais tempo: acima ou abaixo da linha?

_____
_____
_____
_____

PROTAGONISTA
(ACCOUNTABLE)

------------------ *Na linha* ------------------

VÍTIMA

Mapeie a qualidade das relações que você possui das pessoas mais próximas até as mais distantes. A ideia é você diminuir ou eliminar o convívio com pessoas tóxicas, que não lhe fazem bem, além de intensificar o oposto, ou seja, manter mais contato com quem lhe faz bem. Isso vale também para as atividades mais prazerosas e as que não lhe dão prazer. Vamos a essas questões.

2. Faça uma análise da qualidade dos seus relacionamentos e tome uma decisão: afaste-se dessas pessoas ou dê *feedback* sobre como gostaria que a relação fosse.

1. **Péssimo** – Tudo de ruim (próximo item) e mais conflitos em ordem pessoal e destrutiva, calúnia e difamação;
2. **Ruim** – Assédio moral e o outro nos enxerga como um número ou ferramenta para servi-lo de forma descartável;
3. **Razoável** – Sem proximidade, pouco diálogo, existe o respeito, mas não nos sentimos reconhecidos e valorizados;
4. **Bom** – Temos proximidade e diálogo, existe muito respeito e nos sentimos reconhecidos e valorizados;
5. **Ótimo** – Tudo de bom (item anterior) e mais promoção, liberdade de troca de ideias, aprendizados e *feedbacks* recíprocos, empoderamento e vulnerabilidade compartilhados, companheirismo e confiança mútua.

TIPO DE RELACIONAMENTO	NÍVEL DE QUALIDADE DO RELACIONAMENTO				
Família	1 PÉSSIMO	2 RUIM	3 RAZOÁVEL	4 BOM	5 EXCELENTE
Parente:					
Parente:					
Parente:					

Trabalho	1 PÉSSIMO	2 RUIM	3 RAZOÁVEL	4 BOM	5 EXCELENTE
Líder:					
Par:					
Subordinado:					
Amizade	1 PÉSSIMO	2 RUIM	3 RAZOÁVEL	4 BOM	5 EXCELENTE
Amigo (a):					
Amigo (a):					
Amigo (a):					
A definir:	1 PÉSSIMO	2 RUIM	3 RAZOÁVEL	4 BOM	5 EXCELENTE

3. Faça uma análise da qualidade das suas atividades no trabalho e tome uma decisão: dê *feedback* ao seu líder para mudar de atividade ou peça para trocar de função, setor ou se demita.

1. **Péssimo** – Tudo de ruim (próximo item) e são desgastantes em âmbito físico ou emocional ou mental ou todos;

2. **Ruim** – Atividades que não sinto vontade de fazer. Faço como uma obrigação;

3. **Razoável** – Atividades triviais, comuns ou incomuns. Às vezes, faço com algum tédio ou dificuldade;

4. **Bom** – Atividades que gosto de fazer, independentemente da complexidade. Tenho autonomia, flexibilidade, aprendo e cresço na carreira;

5. **Ótimo** – Tudo de bom (item anterior) e geram propósito, entusiasmo, engajamento e *flow*.

TIPO DE ATIVIDADE	NÍVEL DE QUALIDADE DA ATIVIDADE				
Diárias	1 PÉSSIMO	2 RUIM	3 RAZOÁVEL	4 BOM	5 EXCELENTE
Atividade 1:					
Atividade 2:					
Atividade 3:					
Semanais	1 PÉSSIMO	2 RUIM	3 RAZOÁVEL	4 BOM	5 EXCELENTE
Atividade 1:					
Atividade 2:					
Atividade 3:					
Mensais	1 PÉSSIMO	2 RUIM	3 RAZOÁVEL	4 BOM	5 EXCELENTE
Atividade 1:					
Atividade 2:					
Atividade 3:					
Anuais	1 PÉSSIMO	2 RUIM	3 RAZOÁVEL	4 BOM	5 EXCELENTE
Atividade 1:					
Atividade 2:					
Atividade 3:					
Eventuais	1 PÉSSIMO	2 RUIM	3 RAZOÁVEL	4 BOM	5 EXCELENTE
Atividade 1:					
Atividade 2:					
Atividade 3:					

4. Aplique o *reskilling* & *upskilling* em sua carreira:

• Qual é o seu cenário atual? (quais os conhecimentos e habilidades que você já possui, faça um inventário de suas *hard* e *soft skills*).

_____

_____

_____

WORKBOOK

• **Qual é a sua clareza do desafio a ser superado ou da nova necessidade a ser atendida? (sinergia e foco são fundamentais para desenhar uma trilha de aprendizagem).**

• **O que você precisa aprender? (para levar você do cenário atual para o desejado, evite buscar culpados ou justificativas – separe o aprendizado técnico e o aprendizado comportamental que deve aprender).**

• **Quais serão as suas fontes de aquisição de conhecimento? (isso inclui pessoas que já superaram seus atuais desafios).**

5. Construa o seu propósito com base na metodologia do "Golden Circle":

5.1. Defina seus valores em ordem de prioridade. Qual a sua hierarquia de valores, ou seja, quais valores deve colocar no topo, pois são os prioritários para tomar decisão e aplicar seu tempo. Defina os valores, seus significados e cite exemplos de comportamentos que pratica ou irá praticar. O significado direciona o seu padrão de comportamento. Gera integridade, que é o discurso associado à prática.

WORKBOOK

VALOR	SIGNIFICADO	COMPORTAMENTO
1.		
2.		
3.		
4.		
5.		
6.		
7.		
8.		
9.		
10.		

OBS: Geralmente, a quantidade de valores fica entre cinco a dez valores.

CAPÍTULO

6 O FLYWHEEL SENTIR - PENSAR - AGIR

1. Qual é o seu sonho grande? Qual é a sua visão de futuro?

_____

_____

_____

2. Como o seu verdadeiro potencial se conecta com o seu sonho grande, a sua visão de futuro?

_____

_____

_____

3. Quais são os seus medos? Como eles podem afetar o que você quer conquistar? Como você os controla?

EU TENHO MEDO DE:	PORQUE:	COMO PODE AFETAR MINHAS CONQUISTAS:	COMO EU CONTROLO OU IREI CONTROLAR A PARTIR DE AGORA ESSE MEDO:

WORKBOOK

A "garra" pode me ajudar:	O *mindset* de crescimento" pode me ajudar:

Anotações:

CAPÍTULO 7
OS ALAVANCADORES DO FLYWHEEL

1. Descubra os seus Sinais Fortes:

- O que o nosso mercado de trabalho está dizendo?
___
___
___

- Que impactos estão sendo gerados pela automatização?
___
___
___

2. Descubra os seus Sinais Fracos:

- **O que o mercado de trabalho não está dizendo?**
  _____
  _____
  _____

- **Quais são as mudanças que estão acontecendo no contexto que podem impactar meu trabalho? Coloque suas respostas ao lado de cada quadrante do infográfico dos "sinais":**
  _____
  _____
  _____

3. Diante de um mundo em mudanças temos duas opções: sermos reativos ou proativos no mercado. Você é proativo ou reativo? Justifique.
Analise o quadro e veja onde você se enquadra:

SOU PROATIVO (A) – ( )	SOU REATIVO (A) – ( )
Justificativa:	Justificativa:

4. Como você está em relação as competências do estudo do Fórum Econômico Mundial - Relatório Futuro do Trabalho. Coloque uma nota de 1 (próximo ao centro do infográfico – menor nota) a 10 (mais distante do centro do infográfico – maior nota) e depois ligue os pontos para fazer uma análise em gráfico radial:

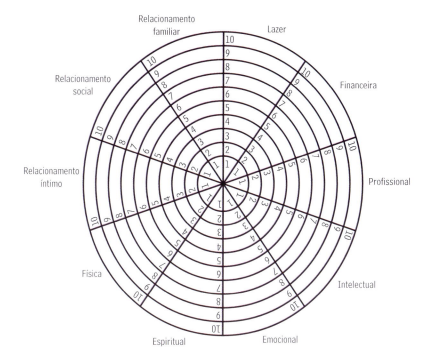

266 | WORKBOOK

Como última atividade da nossa Jornada de Desenvolvimento, convidamos você a preencher um quadro resumo dos seus direcionadores estratégicos e de forma prática assumir o protagonismo de um plano de trabalho com início, meio e continuidade, pois à medida que você vai conquistando seus objetivos, outros tendem a aparecer. A nossa natureza humana nos diz que estamos sempre em evolução.

Direcionadores Estratégicos:

Propósito (legado que deseja deixar por onde passar – "Golden Circle"):	Visão de Futuro (aonde você quer chegar):
Valores:	Significado de cada valor:

Seu grande objetivo em 12 meses – Exemplo: promoção a Diretor.

Evidência de conquista do objetivo (como você vai saber que chegou ao objetivo) - Exemplo: ser promovido a Diretor – a promoção é a evidência.

Anotações:

Sustentadores dos Direcionadores Estratégicos:

Fatores Críticos de Sucesso (o que você tem de gerenciar muito bem para ter sucesso na conquista dos seus objetivos. Ex.: Aprendizado, Recursos Financeiros, Parcerias, Família etc.). Cite os três mais importantes e justifique:
Exemplo: Aprendizado – MBA em Controladoria
Exemplo de Justificativa: Um dos pré-requisitos à promoção ao cargo de Diretoria é o MBA em Controladoria
1. Justificativa:
2. Justificativa:
3. Justificativa:

Papéis-chaves:

Como você deseja ser visto e percebido em termos de conhecimentos, habilidades e comportamentos para gerar a legitimidade perante o papel exercido. Faça três papéis-chaves, depois você poder fazer outros em qualquer perspectiva da vida:
Exemplo: Líder – Um líder que possua integridade, age como fala, que tenha abertura para dar e receber *feedback*. Um formador de times. Gerador de resultados.
Líder:
Liderado (a):
Empresário (a):

WORKBOOK

Título do Projeto:	Período de Execução	
	Início:	Término:

Identificação do Objeto:

Justificativa da Proposição:

Produtos Esperados:

Forma de Execução das Atividades:

Forma de Aferição no Cumprimento das Metas:

Escaneie o QR CODE para fazer uma cópia do Plano de Trabalho:

PARABÉNS por chegar ao final da sua Jornada de Desenvolvimento! Você é um dos poucos que soube usar a sua garra e perseverança para concluir todos os exercícios.

Vimos muita coisa neste livro. Esperamos que os aprendizados aqui adquiridos contribuam para elevar a sua carreira a um outro patamar de resultados. Eles foram desenvolvidos com muito amor e paixão e refletem vários aprendizados que obtivemos ao longo dos anos convivendo e estudando pessoas de sucesso.

A grande questão é: o que você fará com o que aprendeu? Nosso conselho é você implementar tudo o que você aprendeu. Seguir este guia aumentará significativamente as suas probabilidades de ter sucesso e prosperidade.

Pesquisas realizadas nos últimos 50 anos demonstram que somente 10% das pessoas estão verdadeiramente e honestamente procurando alcançar o sucesso. Os restantes 90% somente procuram uma desculpa para justificar o fracasso. Somente 01 (uma) pessoa em cada 100 (cem) tem uma ideia aproximada de sua própria força e habilidade. A real diferença entre aquele que triunfa e o que fracassa não é física, hereditária ou educacional. A verdadeira diferença está na atitude, no conceito que a pessoa tem de si mesma. O homem pode mudar a sua vida, mudando a sua atitude mental. A nossa mente atua de acordo com o conceito que temos de nós mesmos. Não se iluda: a todo minuto alguém vai testar o tamanho de sua vontade e de sua persistência. Transforme o "não" em "ainda não" e siga em frente.

Estamos aqui para viver a vida intensamente e termos sucesso.

SUCESSO REQUER PAIXÃO;
PAIXÃO REQUER OBSESSÃO;
PAIXÃO REQUER ENTUSIASMO;
PAIXÃO REQUER FIXAÇÃO;
PAIXÃO REQUER APRENDIZADO;
PAIXÃO REQUER GARRA;
PAIXÃO REQUER PAIXÃO.

Desejamos a você muito Sucesso e Prosperidade!

Você deseja mergulhar mais profundamente e saber como se preparar para ter mais sucesso e prosperidade na nova economia? Então visite anovagestão.com.br e use o código "QUEROTERSUCESSO" para conseguir 20% de desconto em sua inscrição para a imersão *A NOVA GESTÃO – Trabalho, Futuro, Escolhas*, como um agradecimento por ter comprado este livro.

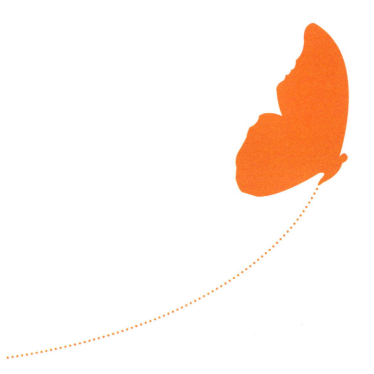